EUROPA-FACHBUCHREIHE
für wirtschaftliche Bildung

Neues Banking

Prüfungsvorbereitung aktuell
Bankkaufmann/Bankkauffrau

Gestreckte Abschlussprüfung – Teil 3
Kunden beraten

Mündliche Ergänzungsprüfungen erfolgreich absolvieren

Augath Haas

1. Auflage

Verlag Europa-Lehrmittel
Nourney, Vollmer GmbH & Co. KG
Düsselberger Straße 23
42781 Haan-Gruiten

Europa-Nr.: 75068

EUROPA LEHRMITTEL

Verfasser:
Dr. Britta Augath, Hannover
Nicole Haas, Diekholzen

Verlagslektorat:
Anke Hahn

1. Auflage 2023

Druck 5 4 3 2 1

Alle Drucke derselben Auflage sind parallel einsetzbar, da sie bis auf die Korrektur von Druckfehlern identisch sind.

ISBN 978-3-7585-7506-8

www.europa-lehrmittel.de

Umschlag, Satz und Grafiken: Typework Layoutsatz & Grafik GmbH, 86153 Augsburg
Umschlagfoto: © ralf pollack-EyeEm – stock.adobe.com
Druck: Plump Druck & Medien GmbH, 53619 Rheinbreitbach

Vorwort

Neues Banking – Prüfungsvorbereitung aktuell Teil 3 bereitet auf den letzten Teil der gestreckten Abschlussprüfung Teil 2 **„Kunden beraten"** sowie auf eine ggf. notwendige mündliche Ergänzungsprüfung vor.

Das Buch orientiert sich an der **Verordnung über die Berufsausbildung zum Bankkaufmann und zur Bankkauffrau (2020).**

Es handelt sich bei **Neues Banking – Prüfungsvorbereitung aktuell Teil 3** um eine Neuentwicklung, die für die folgenden Einsatzfelder konzipiert wurde:

- **unterrichtsbegleitender Einsatz** durch Lernende und Lehrkräfte zur Simulation von Kundenberatungsgesprächen
- **konzentrierte Vorbereitung** auf das Kundenberatungsgespräch
- **Einschätzung des eigenen Lernstands**
- **innerbetriebliche Prüfungsvorbereitung** in Sparkassen, Genossenschaftsbanken, Privatbanken
- **intensive Vorbereitung** auf eine ggf. **erforderliche Ergänzungsprüfung** in den schriftlichen Prüfungsbereichen der gestreckten Abschlussprüfung Teil 2

Das Buch beginnt mit der **Übersicht zum Prüfungsaufbau** der gesamten gestreckten Abschlussprüfung.

Im Anschluss wird auf die wichtigsten Aspekte des **Kundenberatungsgesprächs** eingegangen. Danach folgen zu jedem Prüfungsbereich verschiedene denkbare Beratungssituationen aus dem **Privatkundengeschäft**. Diese sollen anhand eines **Gesprächsleitfadens** vorbereitet und mithilfe der Informationen zur Kundenrolle durchgeführt werden. Am Ende des Buchs gibt es Hinweise und Erläuterungen zur ggf. erforderlichen **Ergänzungsprüfung** und zu jedem Prüfungsbereich jeweils zwei beispielhafte Ergänzungsprüfungen.

Im separaten Lösungsheft stehen **Ideen für die Gesprächsleitfäden** und **Informationen zur Kundenrolle,** sodass diese getrennt voneinander genutzt werden können. Im hinteren Teil des Lösungshefts finden Sie **ausführliche verbale Lösungen zu den beispielhaften Ergänzungsprüfungen**. Diese ermöglichen, die eigenen Lösungen zu überprüfen und zu bewerten.

Neues Banking – Prüfungsvorbereitung aktuell Teil 3 wurde von **Schülerinnen und Schülern getestet**. Für das umfangreiche Feedback gebührt ihnen ein herzlicher Dank.

Wir freuen uns auf einen lebendigen Austausch und sind allen Leserinnen und Lesern gegenüber offen für Anregungen, Kritik und Verbesserungsvorschläge.

Wenn Sie mithelfen möchten, dieses Prüfungsvorbereitungsbuch für die kommenden Auflagen zu verbessern, schreiben Sie uns unter lektorat@europa-lehrmittel.de.

Frühjahr 2023

Verlag und Autorinnen

Dr. Britta Augath und Nicole Haas

Aufbau der gestreckten Abschlussprüfung (GAP)

	Prüfungsbereiche	Anteil an der Gesamtnote in %
GAP 1	Konten führen und Anschaffungen finanzieren	20
GAP 2	Vermögen aufbauen und Risiken absichern	20
	Finanzierungsvorhaben begleiten	20
	Wirtschafts- und Sozialkunde	10
	Kunden beraten	30

Anforderungen für das Bestehen der Abschlussprüfung

1. im Gesamtergebnis von GAP 1 und 2 mindestens ausreichend
2. im Ergebnis von GAP 2 mindestens ausreichend
3. in mindestens drei Prüfungsbereichen von GAP 2 mindestens ausreichend
4. in keinem Prüfungsbereich von GAP 2 ungenügend

Bei einem mangelhaften Ergebnis in zwei schriftlichen Bereichen bzw. einem ungenügenden Ergebnis in einem schriftlichen Bereich der GAP 2 kann diese Leistung durch eine mündliche Ergänzungsprüfung ausgeglichen werden, wenn diese für das Bestehen der Abschlussprüfung ausschlaggebend sein kann. Diese muss bei der zuständigen IHK beantragt werden.

Das Ergebnis der Ergänzungsprüfung zählt einfach und das bisherige aus dem Prüfungsbereich der GAP 2 doppelt.

Teil 1 der gestreckten Abschlussprüfung (GAP 1)		
Prüfungszeit: Punkte: Termine: Aufgaben:	90 Minuten 100 Februar / März bzw. September ca. 70 % ungebunden und 30 % gebunden	
Prüfungsbereich: Konten führen und Anschaffungen finanzieren		**Anteil in %**
1. Gebiet	Liquidität sicherstellen	ca. 30
2. Gebiet	Vermögen bilden mit Sparformen	ca. 35
3. Gebiet	Konsumentenkredite anbieten und Abschlüsse vorbereiten	ca. 35

Teil 2 der gestreckten Abschlussprüfung (GAP 2)		
Punkte: Termine: Aufgaben:	je Prüfungsbereich 100 Punkte April / Mai bzw. November Bankbetriebslehre: ca. 70 % ungebunden und 30 % gebunden Wirtschafts- und Sozialkunde: 100 % gebunden	
Prüfungsbereich: Vermögen aufbauen und Risiken absichern **90 Minuten**		**Anteil in %**
1. Gebiet	Vermögen bilden mit Wertpapieren	ca. 75
2. Gebiet	Zu Vorsorge und Absicherung informieren	ca. 25
Prüfungsbereich: Finanzierungsvorhaben begleiten **90 Minuten**		**Anteil in %**
1. Gebiet	Baufinanzierungen vorbereiten und bearbeiten	ca. 50
2. Gebiet	An gewerblichen Finanzierungen mitwirken	ca. 50
Prüfungsbereich: Wirtschafts- und Sozialkunde **60 Minuten**		**Anteil in %**
1. Gebiet	Der Ausbildungsbetrieb und arbeits- und sozialrechtliche Rahmenbedingungen	ca. 30
2. Gebiet	Berufsbildung sowie Arbeits- und Tarifrecht	ca. 25
3. Gebiet	Wirtschaftsordnung und Wirtschaftspolitik	ca. 45
Prüfungsbereich: Kunden beraten (separater Termin)		
Auswahl aus zwei Fällen 15 Minuten Vorbereitungszeit 30-minütiges Beratungsgespräch als Gesprächssimulation		

Inhaltsverzeichnis

1 Prüfungsbereich: „Kunden beraten“

1.1 Nachzuweisende Kompetenzen im Kundenberatungsgespräch

Das Beratungsgespräch ist eine **30-minütige Gesprächssimulation.**

In dieser müssen Sie neben Ihren **kommunikativen Fähigkeiten** zeigen, dass Sie …

- Beratungsgespräche ganzheitlich, systematisch, situationsgerecht und zielorientiert durchführen,
- sich kundenorientiert verhalten,
- analoge und/oder digitale Hilfsmittel kundenorientiert einsetzen,
- den Kunden über Nutzen und Konditionen von Bankleistungen sowie Einhaltung rechtlicher Regelungen informieren,
- auf Einwände eingehen,
- Kundenfragen beantworten,
- ganzheitliche Kundenbedarfe erkennen und ansprechen,
- fachliche Hintergründe und Zusammenhänge berücksichtigen,
- Gesprächsabschlüsse kundenorientiert gestalten

können.

1.2 Ablauf der mündlichen Prüfung „Kunden beraten"

Ablauf der mündlichen Prüfung „Kunden beraten"

Vorbereitung zu Hause

- **Anlage einer Beratermappe**
  - In diese können Sie alle Unterlagen, die in der täglichen Beratungspraxis genutzt werden, z. B. Flyer, Broschüren, Beratungsleitfäden, Produktinformationsblätter, Formulare, mit Preis- und Leistungsverzeichnis, legen.
  - Sie können diese in analoger oder digitaler Form, z. B. mit Tablets, Pads, Laptops, führen.
  - Sortieren Sie die Unterlagen nach Tätigkeiten/Themen.
  - Informieren Sie sich besonders nach einem Jahreswechsel über rechtliche Änderungen.
- Bringen Sie folgende Unterlagen mit:
  - Einladungsschreiben
  - Personalausweis
  - Namensschild
  - Beratermappe
  - Stifte
  - Notizblock
  - Taschenrechner
- Achten Sie auf ein gepflegtes äußeres Erscheinungsbild und angemessene Kleidung!

ratsam: Handy ausschalten

Vorbereitung des Kundenberatungsgesprächs
15 Minuten Vorbereitungszeit inkl. Fallauswahl

- Ablauf des Prüfungstags
  - Begrüßung
  - Vorstellung des Prüfungsausschusses
  - Gesundheitsfrage
  - kurze Darstellung des Prüfungsablaufs
  - Fallauswahl aus zwei vorgelegten Tätigkeitsbereichen[1]...
    1. Konten führen
    2. Anschaffungen finanzieren
    3. Vermögen aufbauen
    4. Risiken absichern
    5. Baufinanzierungsvorhaben im Privatkundengeschäft begleiten

<u>nicht</u> erlaubte Fallkombinationen
1 und 3
2 und 5

Die Aufgabenstellung muss nicht zwingend zu einem Produktvorschlag führen.

- Die Nutzung der analogen/digitalen Beratermappe ist erlaubt.
- Achtung: Sie dürfen keinen Kontakt mit Außenstehenden aufnehmen!

[1] Herausgeber Bundesinstitut für Berufsbildung (BiBB) „Ausbildung gestalten – Bankkaufmann/Bankkauffrau", Bonn, 2020, S. 96

Ablauf des mündlichen Prüfungsbereichs „Kunden beraten"

Durchführung des Kundenberatungsgesprächs
30 Minuten

- Die Gesprächsführung liegt bei Ihnen.
- Die Nutzung der analogen/digitalen Beratermappe ist erwünscht.
- Die Prüfer sollen in der Kundenrolle …
  - realistische und authentische Situation schaffen.
  - kundengerecht nachfragen.
  - die eigene Fachsprache zurücknehmen.
  - unvoreingenommen sein.
  - nicht belehrend, sondern freundlich unterstützend auftreten.
  - die gezeigten Beratungsunterlagen situationsangemessen bewerten.
  - einen „sanften" Gesprächsausstieg wählen.
- ACHTUNG: Technische Schwierigkeiten gehen zu Ihren Lasten. Es gibt keine Prüfungsverlängerung oder Pause während der Prüfung.
- Der Prüfungsausschuss ist für die Zeiteinhaltung verantwortlich.
- Die Dokumentation des Beratungsgesprächs erfolgt durch den Prüfungsausschuss anhand eines Bewertungsbogens.

Bewertung des Kundenberatungsgesprächs

- Zur Ermittlung des Prüfungsergebnisses wird folgende Gewichtung empfohlen:
  - Beratungskompetenz 60 %
  - Fachkompetenz 40 %.
- Die Bewertung erfolgt nach dem 100-Prozentpunkte-Schlüssel, d. h. in Prozent, z. B. 84 % = 2.

Ende der Prüfung

- Das Ergebnis wird Ihnen durch den Prüfungsausschuss mitgeteilt, meist in Prozentpunkten oder in Form einer Note. Manchmal erfolgt nur die Aussage, ob Sie bestanden haben oder nicht bestanden haben.
- Sie erhalten eine vom Prüfungsausschuss unterzeichnete Bescheinigung.

1.3 Hinweise zur Durchführung des Kundenberatungsgesprächs

In einem Kundenberatungsgespräch müssen Sie den **individuellen Beratungsbedarf** des Kunden erkennen. Es ist wichtig, dass Sie den Beratungsanlass wahrnehmen und an den Kunden aktiv herantreten.

Sie sollten den Kunden objektiv über Vor- und Nachteile der verschiedenen Produkte aufklären und umfassend, d. h. durch ausführliche Informationen über Produktmerkmale, beraten. Dieses setzt voraus, dass Sie die persönlichen Rahmenbedingungen des Kunden analysieren, die Kundenbedürfnisse bzw. Kundenwünsche erkennen, die Produktmerkmale beherrschen und beurteilen, um anschließend für den Kunden ein passendes Produkt auszuwählen.

Neben **fachlichen Kompetenzen**, die Sie mithilfe der Prüfungsvorbereitungsbücher GAP 1 und GAP 2 auffrischen sollten, sind auch die **Verhaltensaspekte** im Kundenberatungsgespräch von großer Wichtigkeit. Hierzu zählen eine angenehme Gesprächsatmosphäre, die Gesprächsstruktur, Ihr Erscheinungsbild, Ihr sprachlicher Ausdruck und Ihre Körpersprache.

Aus den zuvor genannten Anforderungen ergibt sich, dass das Kundenberatungsgespräch von Ihnen intensiv vorbereitet werden muss.

Bevor der Prüfungsbereich „Kunden beraten" ansteht, müssen Sie sich zu Hause umfassend vorbereiten. Zunächst muss eine analoge und/oder digitale **Beratermappe** mit den erforderlichen Broschüren, Formularen, aktuellen Preisen und Konditionen von Ihnen angelegt bzw. auf Vollständigkeit und Aktualität kontrolliert werden. Des Weiteren müssen Sie fachliche Kenntnisse erwerben, auffrischen bzw. vertiefen. Besonders zum Jahreswechsel werden die Kreditinstitute oft mit Änderungen konfrontiert, z. B. Höhe des Kindergelds, Fördermaßnahmen und steuerliche Rahmenbedingungen.

Bereits in der **15-minütigen Vorbereitungszeit** und während des Gesprächs sollten Sie unnötige Störungen und Unterbrechungen, z. B. durch ein klingelndes Handy, vermeiden.

Die **Durchführung eines Kundenberatungsgesprächs** erfolgt zielorientiert. Dabei bedeutet ein systematischer Gesprächsaufbau aber nicht, dass die Gesprächsführung mit dem Kunden schematisch verlaufen soll, dafür sind die Kunden und die Beratungssituationen viel zu unterschiedlich.

Eine Gesprächsstruktur bietet einen roten Faden, an welchem Sie sich orientieren sollten. So können Sie sich besser auf den Kunden einstellen, ohne das Ziel, den bedarfsorientierten Verkauf eines Produkts, aus den Augen zu verlieren.

Ein Beratungsgespräch kann in verschiedene Phasen unterteilt werden. Die IHK-Prüfung lehnt sich dabei an der **KIV-Formel** (Kontaktphase, Informations- und Analysephase sowie Verkaufsphase) an.

- Das Ziel der **Kontaktphase** ist die Schaffung einer positiven Gesprächsatmosphäre. Diese erreichen Sie, indem Sie sich persönlich vorstellen, den Kunden mit Namen ansprechen, den Blickkontakt halten und auf ein authentisches Kontaktthema, z. B. auf die Geburt eines Kindes oder einen Umzug, eingehen. Der erste Eindruck, der abhängig ist von Ihrem Erscheinungsbild, Ihrer Körpersprache und Ihrer Sprache, stellt die Weichen für das Gespräch.

- Die **Informations- und Analysephase** hat zum Ziel, den genauen Kundenwunsch zu ermitteln. Dazu erfragen und analysieren Sie die offenen, aber auch die versteckten (latenten) Bedürfnisse des Kunden. In dieser Phase ist es besonders wichtig, dass Sie zu Beginn ausreichend viele offene Fragen stellen, dem Kunden konzentriert zuhören, ihn ausreden lassen, offene Fragen klären und das bisherige Gespräch zusammenfassen. Vermeiden Sie Fachwörter bzw. fachspezifische Formulierungen, die der Kunde nicht versteht.
- In der anschließenden **Verkaufsphase** unterbreiten Sie dem Kunden ein bedarfsgerechtes Angebot, überzeugen diesen von seinem individuellen Nutzen des Produkts, gehen verständnisvoll auf eventuelle Einwände ein und erkennen weitere Beratungs- und Verkaufschancen. Nutzen Sie dazu einfache, verständliche und zum Kundenwunsch passende Verkaufshilfen und Übersichten.

In den im Buch abgedruckten Gesprächsleitfäden wurde die Verkaufsphase zur besseren Strukturierung zusätzlich in Angebots- und Abschlussphase unterteilt.

1.4 Bogen zur Bewertung des Kundenberatungsgesprächs

Anhand des folgenden Bewertungsbogens können Sie die Bewertungskriterien des Kundenberatungsgesprächs nachvollziehen. Dieser eignet sich darüber hinaus hervorragend zur Einschätzung Ihrer Gespräche in der Prüfungsvorbereitungphase.

Bewertungsbogen Kundenberatungsgespräch				
Tätigkeit:				
Situation:				
Verhaltenskompetenz				**Beobachtungen**
Kontaktverhalten und Auftreten Der Prüfling …	🙂	😐	🙁	
■ nimmt Blickkontakt auf und hat eine offene, dem Kunden zugewandte Körperhaltung.				
■ begrüßt den Kunden freundlich.				
■ spricht den Kunden mit Namen an.				
■ stellt einen Bezug zum Gesprächsanlass her und initiiert ein „Warming-up“.				
■ schafft eine angenehme Atmosphäre.				
■ stellt sich selbst und ggf. sein Kreditinstitut vor.				
■ setzt analoge und/oder digitale Hilfsmittel ein.				
Informations- und Analyseverhalten Der Prüfling …	🙂	😐	🙁	
■ stellt offene Fragen zum Anliegen des Kunden.				
■ erfragt und analysiert die Kundenbedürfnisse.				
■ führt das Kundenberatungsgespräch situationsbezogen und ergebnisorientiert.				
■ hört konzentriert zu und lässt den Kunden ausreden.				
■ fasst die wesentlichen Fakten des Kunden zusammen.				
■ klärt ab, ob der Kunde noch Fragen, Anmerkungen oder Ergänzungen hat.				
Verkaufsverhalten Der Prüfling …	🙂	😐	🙁	
■ unterbreitet ein bedarfsgerechtes Angebot.				
■ visualisiert anschaulich und kundenindividuell.				
■ überzeugt mit zur Kundensituation passenden Argumenten.				
■ kann mit Einwänden umgehen.				
■ schließt das Kundengeschäft ab; vereinbart ggf. einen Folgetermin.				
■ nutzt weitere Beratungs- und Verkaufschancen.				
Fachkompetenz Der Prüfling …	🙂	😐	🙁	
■ nennt Konditionen und gesetzliche/vertragliche Regelungen.				
■ erklärt Fachbegriffe für den Kunden verständlich.				
■ erteilt Informationen richtig und vollständig.				

1.5 Kundenberatungsgespräche führen

Im Folgenden finden Sie zu den verschiedenen Tätigkeitsbereichen mögliche realitätsnahe Prüfungssituationen. Wenn in den Fallsituationen von langjährigen Kunden gesprochen wird, bezieht sich diese Perspektive auf Ihr Kreditinstitut und nicht zwingend auf Ihre persönliche Beziehung zu den Kunden.

Bitte erstellen Sie zunächst als Vorbereitung auf das Gespräch einen Gesprächsleitfaden! Ein mögliches Beispiel dazu finden Sie jeweils im Lösungsteil. Es handelt sich dabei nicht um eine Checkliste, da jedes Gespräch kundenindividuell ist. Andere Ideen sind auch denkbar und willkommen.

Die möglichen Gesprächsleitfäden im Lösungsteil sind institutsübergreifend formuliert. Berücksichtigen Sie bei Ihrer Vorbereitung die Besonderheiten Ihres Kreditinstituts!

Anschließend ist es ratsam, dieses Gespräch mit einem Mitauszubildenden oder Freund oder Arbeitskollegen oder Familienmitglied durchzuführen. Dazu finden Sie zu jeder Situation Informationen zur Kundenrolle im Lösungsteil.

Zeichnen Sie Ihr Gespräch als Video auf und nutzen Sie dieses gemeinsam mit dem „Kunden" zur anschließenden Bewertung des Gesprächs.

Diese Vorgehensweise hat die Vorteile, dass Sie ...

- sich selbst sehen und feststellen können, wie Sie im Beratungsgespräch wirken.
- Ihre eigene Mimik, Gestik und Freundlichkeit erkennen können.
- sich selbst einschätzen können mit Ihren Stärken und Schwächen.
- auch auf den ersten Blick nicht wahrgenommene Gesichtspunkte durch das Anschauen des Videos erkennen können.
- die Rückmeldungen Ihres „Kunden" besser nachvollziehen können.
- Ihre Selbsteinschätzung und die Fremdeinschätzung Ihres „Kunden" ergänzt wird um eine objektivere Abbildung der Situation.
- die Simulation ernster empfinden und diese damit der Prüfungssituation ähnlicher wird.

1.5.1 Konten führen

1.5.1.1 Liquidität sicherstellen

1. Situation „Kontoeröffnung Neukunde“

Ein Neukunde hat bei Ihnen einen Gesprächstermin vereinbart, um ein Girokonto zu eröffnen.

Beraten Sie den Kunden!

Gesprächsleitfaden „Kontoeröffnung Neukunde“	
Was lege ich in die Beratermappe?	
Was gebe ich dem Kunden?	

Wie gestalte ich das Gespräch?
(Hinweis: Die Phasen sind häufig nicht trennscharf abzugrenzen!)

Kontaktphase

Informations- und Analysephase

Verkaufsphase

Angebotsphase

Abschlussphase

Bewertungsbogen Kundenberatungsgespräch

Tätigkeit: Konten führen
Situation: Kontoeröffnung Neukunde

Verhaltenskompetenz				Beobachtungen
Kontaktverhalten und Auftreten Der Prüfling …	☺	😐	☹	
▪ nimmt Blickkontakt auf und hat eine offene, dem Kunden zugewandte Körperhaltung.				
▪ begrüßt den Kunden freundlich.				
▪ spricht den Kunden mit Namen an.				
▪ stellt einen Bezug zum Gesprächsanlass her und initiiert ein „Warming-up“.				
▪ schafft eine angenehme Atmosphäre.				
▪ stellt sich selbst und ggf. sein Kreditinstitut vor.				
▪ setzt analoge und/oder digitale Hilfsmittel ein.				
Informations- und Analyseverhalten Der Prüfling …	☺	😐	☹	
▪ stellt offene Fragen zum Anliegen des Kunden.				
▪ erfragt und analysiert die Kundenbedürfnisse.				
▪ führt das Kundenberatungsgespräch situationsbezogen und ergebnisorientiert.				
▪ hört konzentriert zu und lässt den Kunden ausreden.				
▪ fasst die wesentlichen Fakten des Kunden zusammen.				
▪ klärt ab, ob der Kunde noch Fragen, Anmerkungen oder Ergänzungen hat.				
Verkaufsverhalten Der Prüfling …	☺	😐	☹	
▪ unterbreitet ein bedarfsgerechtes Angebot.				
▪ visualisiert anschaulich und kundenindividuell.				
▪ überzeugt mit zur Kundensituation passenden Argumenten.				
▪ kann mit Einwänden umgehen.				
▪ schließt das Kundengeschäft ab; vereinbart ggf. einen Folgetermin.				
▪ nutzt weitere Beratungs- und Verkaufschancen.				
Fachkompetenz Der Prüfling …	☺	😐	☹	
▪ nennt Konditionen und gesetzliche/vertragliche Regelungen.				
▪ erklärt Fachbegriffe für den Kunden verständlich.				
▪ erteilt Informationen richtig und vollständig.				

2. Situation „Reisezahlungsmittel“

Ihre langjährige Kundin hat bei Ihnen einen Gesprächstermin vereinbart, um über ihre im Sommer geplante Reise nach Kanada zu sprechen.

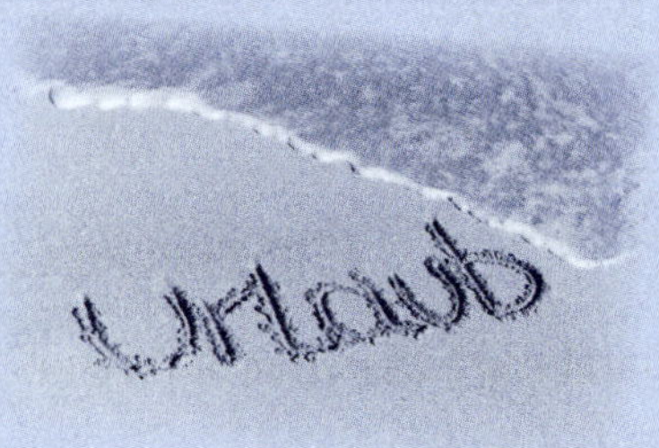

Folgende Kunden- und Kontendaten liegen Ihnen vor:

- 45 Jahre
- Familienstand: geschieden mit zwei Kindern (13 und 17 Jahre)
- Beruf: Grundschullehrerin

Girokonto	Sparkonto	Bausparvertrag
Saldo: 8.370,99 € (H)	Saldo: 25.000,00 €	Guthaben: 3.267,88 €
Dispositionskredit: 7.000,00 €	Kündigungsfrist: 3 Monate	Sparleistung: mtl. 26,00 € VL
girocard vorhanden	Freistellungsauftrag: 850,00 €	Bausparsumme: 10.000,00 €
		Freistellungsauftrag: 150,00 €

Beraten Sie die Kundin!

Gesprächsleitfaden „Reisezahlungsmittel“

Was lege ich in die Beratermappe?

Was gebe ich der Kundin?

Wie gestalte ich das Gespräch?
(Hinweis: Die Phasen sind häufig nicht trennscharf abzugrenzen!)

Kontaktphase

Informations- und Analysephase

Verkaufsphase

Angebotsphase

Abschlussphase

Bewertungsbogen Kundenberatungsgespräch

Tätigkeit: Konten führen
Situation: Reisezahlungsmittel

Verhaltenskompetenz				Beobachtungen
Kontaktverhalten und Auftreten Der Prüfling …	🙂	😐	🙁	
▪ nimmt Blickkontakt auf und hat eine offene, der Kundin zugewandte Körperhaltung.				
▪ begrüßt die Kundin freundlich.				
▪ spricht die Kundin mit Namen an.				
▪ stellt einen Bezug zum Gesprächsanlass her und initiiert ein „Warming-up“.				
▪ schafft eine angenehme Atmosphäre.				
▪ stellt sich selbst und ggf. sein Kreditinstitut vor.				
▪ setzt analoge und/oder digitale Hilfsmittel ein.				
Informations- und Analyseverhalten Der Prüfling …	🙂	😐	🙁	
▪ stellt offene Fragen zum Anliegen der Kundin.				
▪ erfragt und analysiert die Bedürfnisse der Kundin.				
▪ führt das Kundenberatungsgespräch situationsbezogen und ergebnisorientiert.				
▪ hört konzentriert zu und lässt die Kundin ausreden.				
▪ fasst die wesentlichen Fakten der Kundin zusammen.				
▪ klärt ab, ob die Kundin noch Fragen, Anmerkungen oder Ergänzungen hat.				
Verkaufsverhalten Der Prüfling …	🙂	😐	🙁	
▪ unterbreitet ein bedarfsgerechtes Angebot.				
▪ visualisiert anschaulich und kundenindividuell.				
▪ überzeugt mit zur Kundensituation passenden Argumenten.				
▪ kann mit Einwänden umgehen.				
▪ schließt das Kundengeschäft ab; vereinbart ggf. einen Folgetermin.				
▪ nutzt weitere Beratungs- und Verkaufschancen.				
Fachkompetenz Der Prüfling …	🙂	😐	🙁	
▪ nennt Konditionen und gesetzliche/vertragliche Regelungen.				
▪ erklärt Fachbegriffe für die Kundin verständlich.				
▪ erteilt Informationen richtig und vollständig.				

3. Situation „Kontoeröffnung für einen Minderjährigen"

Ihre langjährige Kundin hat bei Ihnen einen Gesprächstermin vereinbart, um sich über ein Konto für ihren Sohn zu informieren.

Beraten Sie die Kundin!

Gesprächsleitfaden „Kontoeröffnung für einen Minderjährigen"

Was lege ich in die Beratermappe?

Was gebe ich der Kundin?

Wie gestalte ich das Gespräch?
(Hinweis: Die Phasen sind häufig nicht trennscharf abzugrenzen!)

Kontaktphase

Informations- und Analysephase

Verkaufsphase

Angebotsphase

Abschlussphase

Bewertungsbogen Kundenberatungsgespräch

Tätigkeit: Konten führen
Situation: Kontoeröffnung für einen Minderjährigen

Verhaltenskompetenz				Beobachtungen
Kontaktverhalten und Auftreten Der Prüfling …	🙂	😐	🙁	
■ nimmt Blickkontakt auf und hat eine offene, der Kundin zugewandte Körperhaltung.				
■ begrüßt die Kundin freundlich.				
■ spricht die Kundin mit Namen an.				
■ stellt einen Bezug zum Gesprächsanlass her und initiiert ein „Warming-up".				
■ schafft eine angenehme Atmosphäre.				
■ stellt sich selbst und ggf. sein Kreditinstitut vor.				
■ setzt analoge und/oder digitale Hilfsmittel ein.				
Informations- und Analyseverhalten Der Prüfling …	🙂	😐	🙁	
■ stellt offene Fragen zum Anliegen der Kundin.				
■ erfragt und analysiert die Bedürfnisse der Kundin.				
■ führt das Kundenberatungsgespräch situationsbezogen und ergebnisorientiert.				
■ hört konzentriert zu und lässt die Kundin ausreden.				
■ fasst die wesentlichen Fakten der Kundin zusammen.				
■ klärt ab, ob die Kundin noch Fragen, Anmerkungen oder Ergänzungen hat.				
Verkaufsverhalten Der Prüfling …	🙂	😐	🙁	
■ unterbreitet ein bedarfsgerechtes Angebot.				
■ visualisiert anschaulich und kundenindividuell.				
■ überzeugt mit zur Kundensituation passenden Argumenten.				
■ kann mit Einwänden umgehen.				
■ schließt das Kundengeschäft ab; vereinbart ggf. einen Folgetermin.				
■ nutzt weitere Beratungs- und Verkaufschancen.				
Fachkompetenz Der Prüfling …	🙂	😐	🙁	
■ nennt Konditionen und gesetzliche/vertragliche Regelungen.				
■ erklärt Fachbegriffe für die Kundin verständlich.				
■ erteilt Informationen richtig und vollständig.				

4. Situation „Kontoumstellung Hochzeit"

Ihr langjähriger Kunde hat geheiratet. Er hat bei Ihnen einen Gesprächstermin vereinbart, um über deshalb notwendige Formalitäten zu sprechen.

Folgende Kunden- und Kontendaten liegen Ihnen vor:

- 29 Jahre
- Familienstand: ledig
- Beruf: technischer Angestellter bei einem Energieversorger

Girokonto	**Sparkonto**	**Bausparvertrag**
Saldo: 3.434,78 € (H)	Saldo: 5.520,78 €	Saldo: 10.113,54 €
Dispositionskredit: keinen	Zinssatz: variabel; z. Zt. 0,5 % p. a.	Bausparsumme: 30.000,00 €
Karten: girocard, Visa Kreditkarte	Kündigungsfrist: 3 Monate	Freistellungsauftrag: 200,00 €
	Freistellungsauftrag: 600,00 €	Regelsparbeitrag: 6 ‰

Beraten Sie den Kunden!

Gesprächsleitfaden „Kontoumstellung Hochzeit"

Was lege ich in die Beratermappe?

Was gebe ich dem Kunden?

Wie gestalte ich das Gespräch?
(Hinweis: Die Phasen sind häufig nicht trennscharf abzugrenzen!)

Kontaktphase

Informations- und Analysephase

Verkaufsphase

Angebotsphase

Abschlussphase

Bewertungsbogen Kundenberatungsgespräch

Tätigkeit: **Konten führen**
Situation: **Kontoumstellung Hochzeit**

Verhaltenskompetenz				Beobachtungen
Kontaktverhalten und Auftreten Der Prüfling …	☺	😐	☹	
■ nimmt Blickkontakt auf und hat eine offene, dem Kunden zugewandte Körperhaltung.				
■ begrüßt den Kunden freundlich.				
■ spricht den Kunden mit Namen an.				
■ stellt einen Bezug zum Gesprächsanlass her und initiiert ein „Warming-up".				
■ schafft eine angenehme Atmosphäre.				
■ stellt sich selbst und ggf. sein Kreditinstitut vor.				
■ setzt analoge und/oder digitale Hilfsmittel ein.				
Informations- und Analyseverhalten Der Prüfling …	☺	😐	☹	
■ stellt offene Fragen zum Anliegen des Kunden.				
■ erfragt und analysiert die Kundenbedürfnisse.				
■ führt das Kundenberatungsgespräch situationsbezogen und ergebnisorientiert.				
■ hört konzentriert zu und lässt den Kunden ausreden.				
■ fasst die wesentlichen Fakten des Kunden zusammen.				
■ klärt ab, ob der Kunde noch Fragen, Anmerkungen oder Ergänzungen hat.				
Verkaufsverhalten Der Prüfling …	☺	😐	☹	
■ unterbreitet ein bedarfsgerechtes Angebot.				
■ visualisiert anschaulich und kundenindividuell.				
■ überzeugt mit zur Kundensituation passenden Argumenten.				
■ kann mit Einwänden umgehen.				
■ schließt das Kundengeschäft ab; vereinbart ggf. einen Folgetermin.				
■ nutzt weitere Beratungs- und Verkaufschancen.				
Fachkompetenz Der Prüfling …	☺	😐	☹	
■ nennt Konditionen und gesetzliche/vertragliche Regelungen.				
■ erklärt Fachbegriffe für den Kunden verständlich.				
■ erteilt Informationen richtig und vollständig.				

1.5.1.2 Vermögen bilden mit Sparformen

5. Situation „Vermögenswirksame Leistungen“

Vor kurzem haben Sie für Ihre Kundin (20 Jahre) ein Girokonto eröffnet. Jetzt kommt sie zu Ihnen, weil ihre zukünftige Arbeitgeberin Vermögenswirksame Leistungen zahlt.

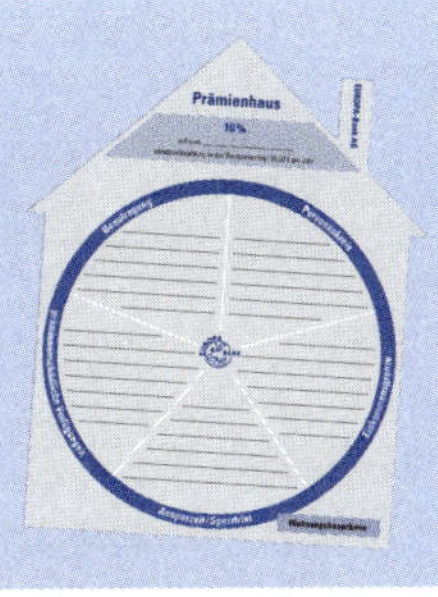

Beraten Sie die Kundin!

Gesprächsleitfaden „Vermögenswirksame Leistungen“

Was lege ich in die Beratermappe?

Was gebe ich der Kundin?

Wie gestalte ich das Gespräch?
(Hinweis: Die Phasen sind häufig nicht trennscharf abzugrenzen!)

Kontaktphase

Informations- und Analysephase

Verkaufsphase

Angebotsphase

Abschlussphase

Bewertungsbogen Kundenberatungsgespräch

Tätigkeit: Konten führen
Situation: Vermögenswirksame Leistungen

Verhaltenskompetenz	🙂	😐	🙁	Beobachtungen
Kontaktverhalten und Auftreten Der Prüfling …				
■ nimmt Blickkontakt auf und hat eine offene, der Kundin zugewandte Körperhaltung.				
■ begrüßt die Kundin freundlich.				
■ spricht die Kundin mit Namen an.				
■ stellt einen Bezug zum Gesprächsanlass her und initiiert ein „Warming-up".				
■ schafft eine angenehme Atmosphäre.				
■ stellt sich selbst und ggf. sein Kreditinstitut vor.				
■ setzt analoge und/oder digitale Hilfsmittel ein.				
Informations- und Analyseverhalten Der Prüfling …	🙂	😐	🙁	
■ stellt offene Fragen zum Anliegen der Kundin.				
■ erfragt und analysiert die Bedürfnisse der Kundin.				
■ führt das Kundenberatungsgespräch situationsbezogen und ergebnisorientiert.				
■ hört konzentriert zu und lässt die Kundin ausreden.				
■ fasst die wesentlichen Fakten der Kundin zusammen.				
■ klärt ab, ob die Kundin noch Fragen, Anmerkungen oder Ergänzungen hat.				
Verkaufsverhalten Der Prüfling …	🙂	😐	🙁	
■ unterbreitet ein bedarfsgerechtes Angebot.				
■ visualisiert anschaulich und kundenindividuell.				
■ überzeugt mit zur Kundensituation passenden Argumenten.				
■ kann mit Einwänden umgehen.				
■ schließt das Kundengeschäft ab; vereinbart ggf. einen Folgetermin.				
■ nutzt weitere Beratungs- und Verkaufschancen.				
Fachkompetenz Der Prüfling …	🙂	😐	🙁	
■ nennt Konditionen und gesetzliche/vertragliche Regelungen.				
■ erklärt Fachbegriffe für die Kundin verständlich.				
■ erteilt Informationen richtig und vollständig.				

6. Situation „Sparkontoeröffnung für einen Minderjährigen"

Ihre langjährige Kundin hat bei Ihnen einen Gesprächstermin vereinbart. Sie möchte für Ihr Enkelkind ein Sparkonto eröffnen.

Beraten Sie die Kundin!

Gesprächsleitfaden „Sparkontoeröffnung für einen Minderjährigen"

Was lege ich in die Beratermappe?

Was gebe ich der Kundin?

Wie gestalte ich das Gespräch?
(Hinweis: Die Phasen sind häufig nicht trennscharf abzugrenzen!)

Kontaktphase

Informations- und Analysephase

Verkaufsphase

Angebotsphase

Abschlussphase

Bewertungsbogen Kundenberatungsgespräch

Tätigkeit: Konten führen
Situation: Sparkontoeröffnung für einen Minderjährigen

Verhaltenskompetenz				Beobachtungen
Kontaktverhalten und Auftreten Der Prüfling …	🙂	😐	🙁	
■ nimmt Blickkontakt auf und hat eine offene, der Kundin zugewandte Körperhaltung.				
■ begrüßt die Kundin freundlich.				
■ spricht die Kundin mit Namen an.				
■ stellt einen Bezug zum Gesprächsanlass her und initiiert ein „Warming-up".				
■ schafft eine angenehme Atmosphäre.				
■ stellt sich selbst und ggf. sein Kreditinstitut vor.				
■ setzt analoge und/oder digitale Hilfsmittel ein.				
Informations- und Analyseverhalten Der Prüfling …	🙂	😐	🙁	
■ stellt offene Fragen zum Anliegen der Kundin.				
■ erfragt und analysiert die Bedürfnisse der Kundin.				
■ führt das Kundenberatungsgespräch situationsbezogen und ergebnisorientiert.				
■ hört konzentriert zu und lässt die Kundin ausreden.				
■ fasst die wesentlichen Fakten der Kundin zusammen.				
■ klärt ab, ob die Kundin noch Fragen, Anmerkungen oder Ergänzungen hat.				
Verkaufsverhalten Der Prüfling …	🙂	😐	🙁	
■ unterbreitet ein bedarfsgerechtes Angebot.				
■ visualisiert anschaulich und kundenindividuell.				
■ überzeugt mit zur Kundensituation passenden Argumenten.				
■ kann mit Einwänden umgehen.				
■ schließt das Kundengeschäft ab; vereinbart ggf. einen Folgetermin.				
■ nutzt weitere Beratungs- und Verkaufschancen.				
Fachkompetenz Der Prüfling …	🙂	😐	🙁	
■ nennt Konditionen und gesetzliche/vertragliche Regelungen.				
■ erklärt Fachbegriffe für die Kundin verständlich.				
■ erteilt Informationen richtig und vollständig.				

7. Situation „Vermögen bilden mit Sparformen"

Sie haben einen Termin für eine Geldanlageberatung.
Die Person ist Ihnen nicht bekannt.

Beraten Sie die Person!

Gesprächsleitfaden „Vermögen bilden mit Sparformen"

Was lege ich in die Beratermappe?	
Was gebe ich der Person?	

Wie gestalte ich das Gespräch?
(Hinweis: Die Phasen sind häufig nicht trennscharf abzugrenzen!)

Kontaktphase

Informations- und Analysephase

Verkaufsphase

Angebotsphase

Abschlussphase

Bewertungsbogen Kundenberatungsgespräch

Tätigkeit: **Konten führen**
Situation: **Vermögen bilden mit Sparformen**

Verhaltenskompetenz				Beobachtungen
Kontaktverhalten und Auftreten Der Prüfling …	🙂	😐	🙁	
■ nimmt Blickkontakt auf und hat eine offene, der Person zugewandte Körperhaltung.				
■ begrüßt die Person freundlich.				
■ spricht die Person mit Namen an.				
■ stellt einen Bezug zum Gesprächsanlass her und initiiert ein „Warming-up“.				
■ schafft eine angenehme Atmosphäre.				
■ stellt sich selbst und ggf. sein Kreditinstitut vor.				
■ setzt analoge und/oder digitale Hilfsmittel ein.				
Informations- und Analyseverhalten Der Prüfling …	🙂	😐	🙁	
■ stellt offene Fragen zum Anliegen der Person.				
■ erfragt und analysiert die Bedürfnisse der Person.				
■ führt das Kundenberatungsgespräch situationsbezogen und ergebnisorientiert.				
■ hört konzentriert zu und lässt die Person ausreden.				
■ fasst die wesentlichen Fakten der Person zusammen.				
■ klärt ab, ob die Person noch Fragen, Anmerkungen oder Ergänzungen hat.				
Verkaufsverhalten Der Prüfling …	🙂	😐	🙁	
■ unterbreitet ein bedarfsgerechtes Angebot.				
■ visualisiert anschaulich und kundenindividuell.				
■ überzeugt mit zur Kundensituation passenden Argumenten.				
■ kann mit Einwänden umgehen.				
■ schließt das Kundengeschäft ab; vereinbart ggf. einen Folgetermin.				
■ nutzt weitere Beratungs- und Verkaufschancen.				
Fachkompetenz Der Prüfling …	🙂	😐	🙁	
■ nennt Konditionen und gesetzliche/vertragliche Regelungen.				
■ erklärt Fachbegriffe für die Person verständlich.				
■ erteilt Informationen richtig und vollständig.				

8. Situation „Bausparvertrag

Ihr Kunde hat einen Termin bei Ihnen vereinbart, um über den Abschluss eines Bausparvertrags zu sprechen.

Folgende Kunden- und Kontendaten liegen Ihnen vor:

- 28 Jahre
- Familienstand: ledig
- Beruf: Einzelhandelskaufmann

Girokonto	**Sparkonto**
Saldo: 1.456,98 € (H)	Saldo: 7.456,98 €
Online-Banking mit push-TAN	Kündigungsfrist: 3 Monate
girocard	Freistellungsauftrag: 500,00 €

Beraten Sie den Kunden!

Gesprächsleitfaden „Bausparvertrag"

Was lege ich in die Beratermappe?

Was gebe ich dem Kunden?

Wie gestalte ich das Gespräch?
(Hinweis: Die Phasen sind häufig nicht trennscharf abzugrenzen!)

Kontaktphase

Informations- und Analysephase

Verkaufsphase

Angebotsphase

Abschlussphase

Bewertungsbogen Kundenberatungsgespräch

Tätigkeit: **Konten führen**
Situation: **Bausparvertrag**

Verhaltenskompetenz				Beobachtungen
Kontaktverhalten und Auftreten Der Prüfling …	☺	😐	☹	
■ nimmt Blickkontakt auf und hat eine offene, dem Kunden zugewandte Körperhaltung.				
■ begrüßt den Kunden freundlich.				
■ spricht den Kunden mit Namen an.				
■ stellt einen Bezug zum Gesprächsanlass her und initiiert ein „Warming-up".				
■ schafft eine angenehme Atmosphäre.				
■ stellt sich selbst und ggf. sein Kreditinstitut vor.				
■ setzt analoge und/oder digitale Hilfsmittel ein.				
Informations- und Analyseverhalten Der Prüfling …	☺	😐	☹	
■ stellt offene Fragen zum Anliegen des Kunden.				
■ erfragt und analysiert die Kundenbedürfnisse.				
■ führt das Kundenberatungsgespräch situationsbezogen und ergebnisorientiert.				
■ hört konzentriert zu und lässt den Kunden ausreden.				
■ fasst die wesentlichen Fakten des Kunden zusammen.				
■ klärt ab, ob der Kunde noch Fragen, Anmerkungen oder Ergänzungen hat.				
Verkaufsverhalten Der Prüfling …	☺	😐	☹	
■ unterbreitet ein bedarfsgerechtes Angebot.				
■ visualisiert anschaulich und kundenindividuell.				
■ überzeugt mit zur Kundensituation passenden Argumenten.				
■ kann mit Einwänden umgehen.				
■ schließt das Kundengeschäft ab; vereinbart ggf. einen Folgetermin.				
■ nutzt weitere Beratungs- und Verkaufschancen.				
Fachkompetenz Der Prüfling …	☺	😐	☹	
■ nennt Konditionen und gesetzliche/vertragliche Regelungen.				
■ erklärt Fachbegriffe für den Kunden verständlich.				
■ erteilt Informationen richtig und vollständig.				

1.5.2 Anschaffungen finanzieren

9. Situation „Pkw-Finanzierung“

Ihre Kundin hat mit Ihnen einen Gesprächstermin vereinbart, um über eine Autofinanzierung zu sprechen.

Folgende Kunden- und Kontendaten liegen Ihnen vor:

- 25 Jahre
- Familienstand: ledig
- SCHUFA-Abfrage: keine negativen Merkmale

Girokonto	**Sparkonto**
Saldo: 2.156,78 € (H)	Saldo: 1.020,09 € (H)
Dispositionskredit: 1.000,00 €	Kündigungsfrist: 3 Monate
girocard	Freistellungsauftrag: 1.000,00 €

Beraten Sie die Kundin!

Gesprächsleitfaden „Pkw-Finanzierung“

Was lege ich in die Beratermappe?

Was gebe ich der Kundin?

Wie gestalte ich das Gespräch?
(Hinweis: Die Phasen sind häufig nicht trennscharf abzugrenzen!)

Kontaktphase

Informations- und Analysephase

Verkaufsphase

Angebotsphase

Abschlussphase

Bewertungsbogen Kundenberatungsgespräch

Tätigkeit: Anschaffung finanzieren
Situation: Pkw-Finanzierung

Verhaltenskompetenz				Beobachtungen
Kontaktverhalten und Auftreten Der Prüfling …	:-)	:-|	:-(	
■ nimmt Blickkontakt auf und hat eine offene, der Kundin zugewandte Körperhaltung.				
■ begrüßt die Kundin freundlich.				
■ spricht die Kundin mit Namen an.				
■ stellt einen Bezug zum Gesprächsanlass her und initiiert ein „Warming-up“.				
■ schafft eine angenehme Atmosphäre.				
■ stellt sich selbst und ggf. sein Kreditinstitut vor.				
■ setzt analoge und/oder digitale Hilfsmittel ein.				
Informations- und Analyseverhalten Der Prüfling …	:-)	:-|	:-(	
■ stellt offene Fragen zum Anliegen der Kundin.				
■ erfragt und analysiert die Bedürfnisse der Kundin.				
■ führt das Kundenberatungsgespräch situationsbezogen und ergebnisorientiert.				
■ hört konzentriert zu und lässt die Kundin ausreden.				
■ fasst die wesentlichen Fakten der Kundin zusammen.				
■ klärt ab, ob die Kundin noch Fragen, Anmerkungen oder Ergänzungen hat.				
Verkaufsverhalten Der Prüfling …	:-)	:-|	:-(	
■ unterbreitet ein bedarfsgerechtes Angebot.				
■ visualisiert anschaulich und kundenindividuell.				
■ überzeugt mit zur Kundensituation passenden Argumenten.				
■ kann mit Einwänden umgehen.				
■ schließt das Kundengeschäft ab; vereinbart ggf. einen Folgetermin.				
■ nutzt weitere Beratungs- und Verkaufschancen.				
Fachkompetenz Der Prüfling …	:-)	:-|	:-(	
■ nennt Konditionen und gesetzliche/vertragliche Regelungen.				
■ erklärt Fachbegriffe für die Kundin verständlich.				
■ erteilt Informationen richtig und vollständig.				

10. Situation „Finanzierung“

In wenigen Minuten haben Sie einen Beratungstermin.
Eine Ihnen unbekannte Person hat sich angemeldet, um über einen Kredit zu sprechen.

Beraten Sie die Person!

Gesprächsleitfaden „Finanzierung“

Was lege ich in die Beratermappe?

Was gebe ich der Person?

Wie gestalte ich das Gespräch?
(Hinweis: Die Phasen sind häufig nicht trennscharf abzugrenzen!)

Kontaktphase

Informations- und Analysephase

Verkaufsphase

Angebotsphase

Abschlussphase

Bewertungsbogen Kundenberatungsgespräch

Tätigkeit: Anschaffungen finanzieren
Situation: Finanzierung

Verhaltenskompetenz				Beobachtungen
Kontaktverhalten und Auftreten Der Prüfling …	🙂	😐	🙁	
■ nimmt Blickkontakt auf und hat eine offene, der Person zugewandte Körperhaltung.				
■ begrüßt die Person freundlich.				
■ spricht die Person mit Namen an.				
■ stellt einen Bezug zum Gesprächsanlass her und initiiert ein „Warming-up“.				
■ schafft eine angenehme Atmosphäre.				
■ stellt sich selbst und ggf. sein Kreditinstitut vor.				
■ setzt analoge und/oder digitale Hilfsmittel ein.				
Informations- und Analyseverhalten Der Prüfling …	🙂	😐	🙁	
■ stellt offene Fragen zum Anliegen der Person.				
■ erfragt und analysiert die Bedürfnisse der Person.				
■ führt das Kundenberatungsgespräch situationsbezogen und ergebnisorientiert.				
■ hört konzentriert zu und lässt die Person ausreden.				
■ fasst die wesentlichen Fakten der Person zusammen.				
■ klärt ab, ob die Person noch Fragen, Anmerkungen oder Ergänzungen hat.				
Verkaufsverhalten Der Prüfling …	🙂	😐	🙁	
■ unterbreitet ein bedarfsgerechtes Angebot.				
■ visualisiert anschaulich und kundenindividuell.				
■ überzeugt mit zur Kundensituation passenden Argumenten.				
■ kann mit Einwänden umgehen.				
■ schließt das Kundengeschäft ab; vereinbart ggf. einen Folgetermin.				
■ nutzt weitere Beratungs- und Verkaufschancen.				
Fachkompetenz Der Prüfling …	🙂	😐	🙁	
■ nennt Konditionen und gesetzliche/vertragliche Regelungen.				
■ erklärt Fachbegriffe für die Person verständlich.				
■ erteilt Informationen richtig und vollständig.				

11. Situation „dauerhafte Überziehung des Dispositionskredits"

Sie haben mit Ihrem Kunden einen Gesprächstermin vereinbart, um über seine Kontoüberziehungen zu sprechen.

Folgende Kunden- und Kontendaten liegen Ihnen vor:

- 32 Jahre
- Familienstand: ledig
- SCHUFA-Abfrage: keine negativen Merkmale

Girokonto	Sparkonto
Saldo: 8.156,78 € (S)	Saldo: 620,43 € (H)
Dispositionskredit: 5.000,00 €	Kündigungsfrist: 3 Monate
girocard	Freistellungsauftrag: 1.000,00 €

Beraten Sie den Kunden!

Gesprächsleitfaden „dauerhafte Überziehung des Dispositionskredits"

Was lege ich in die Beratermappe?

Was gebe ich dem Kunden?

Wie gestalte ich das Gespräch?
(Hinweis: Die Phasen sind häufig nicht trennscharf abzugrenzen!)

Kontaktphase

Informations- und Analysephase

Verkaufsphase

Angebotsphase

Abschlussphase

Bewertungsbogen Kundenberatungsgespräch

Tätigkeit: **Anschaffungen finanzieren**
Situation: **dauerhafte Überziehung des Dispositionskredits**

Verhaltenskompetenz				Beobachtungen
Kontaktverhalten und Auftreten Der Prüfling …	☺	😐	☹	
▪ nimmt Blickkontakt auf und hat eine offene, dem Kunden zugewandte Körperhaltung.				
▪ begrüßt den Kunden freundlich.				
▪ spricht den Kunden mit Namen an.				
▪ stellt einen Bezug zum Gesprächsanlass her und initiiert ein „Warming-up“.				
▪ schafft eine angenehme Atmosphäre.				
▪ stellt sich selbst und ggf. sein Kreditinstitut vor.				
▪ setzt analoge und/oder digitale Hilfsmittel ein.				
Informations- und Analyseverhalten Der Prüfling …	☺	😐	☹	
▪ stellt offene Fragen zum Anliegen des Kunden.				
▪ erfragt und analysiert die Kundenbedürfnisse.				
▪ führt das Kundenberatungsgespräch situationsbezogen und ergebnisorientiert.				
▪ hört konzentriert zu und lässt den Kunden ausreden.				
▪ fasst die wesentlichen Fakten des Kunden zusammen.				
▪ klärt ab, ob der Kunde noch Fragen, Anmerkungen oder Ergänzungen hat.				
Verkaufsverhalten Der Prüfling …	☺	😐	☹	
▪ unterbreitet ein bedarfsgerechtes Angebot.				
▪ visualisiert anschaulich und kundenindividuell.				
▪ überzeugt mit zur Kundensituation passenden Argumenten.				
▪ kann mit Einwänden umgehen.				
▪ schließt das Kundengeschäft ab; vereinbart ggf. einen Folgetermin.				
▪ nutzt weitere Beratungs- und Verkaufschancen.				
Fachkompetenz Der Prüfling …	☺	😐	☹	
▪ nennt Konditionen und gesetzliche/vertragliche Regelungen.				
▪ erklärt Fachbegriffe für den Kunden verständlich.				
▪ erteilt Informationen richtig und vollständig.				

1.5.3 Vermögen aufbauen

12. Situation „Geldanlage in Wertpapieren"

Ihr langjähriger Kunde hat bei Ihnen für heute einen Gesprächstermin vereinbart. Er möchte erstmals für 20.000,00 € Wertpapiere kaufen.

Folgende Kunden- und Kontodaten liegen Ihnen vor:

- 45 Jahre
- Familienstand: verheiratet, zwei Kinder

Festgeldkonto
Saldo: 45.000,00 € (H)
Laufzeit: noch zwei Monate
Freistellungsauftrag: 300,00 €

Beraten Sie den Kunden!

Hinweis: WpHG-Bogen und Geeignetheitserklärung müssen nicht im Detail besprochen und erstellt werden!

Gesprächsleitfaden „Geldanlage in Wertpapieren"

Was lege ich in die Beratermappe?	
Was gebe ich dem Kunden?	

Wie gestalte ich das Gespräch?
(Hinweis: Die Phasen sind häufig nicht trennscharf abzugrenzen!)

Kontaktphase

Informations- und Analysephase

Verkaufsphase

Angebotsphase

Abschlussphase

Bewertungsbogen Kundenberatungsgespräch

Tätigkeit: Vermögen aufbauen
Situation: Geldanlage in Wertpapieren

Verhaltenskompetenz				Beobachtungen
Kontaktverhalten und Auftreten Der Prüfling …	🙂	😐	🙁	
■ nimmt Blickkontakt auf und hat eine offene, dem Kunden zugewandte Körperhaltung.				
■ begrüßt den Kunden freundlich.				
■ spricht den Kunden mit Namen an.				
■ stellt einen Bezug zum Gesprächsanlass her und initiiert ein „Warming-up“.				
■ schafft eine angenehme Atmosphäre.				
■ stellt sich selbst und ggf. sein Kreditinstitut vor.				
■ setzt analoge und/oder digitale Hilfsmittel ein.				
Informations- und Analyseverhalten Der Prüfling …	🙂	😐	🙁	
■ stellt offene Fragen zum Anliegen des Kunden.				
■ erfragt und analysiert die Kundenbedürfnisse.				
■ führt das Kundenberatungsgespräch situationsbezogen und ergebnisorientiert.				
■ hört konzentriert zu und lässt den Kunden ausreden.				
■ fasst die wesentlichen Fakten des Kunden zusammen.				
■ klärt ab, ob der Kunde noch Fragen, Anmerkungen oder Ergänzungen hat.				
Verkaufsverhalten Der Prüfling …	🙂	😐	🙁	
■ unterbreitet ein bedarfsgerechtes Angebot.				
■ visualisiert anschaulich und kundenindividuell.				
■ überzeugt mit zur Kundensituation passenden Argumenten.				
■ kann mit Einwänden umgehen.				
■ schließt das Kundengeschäft ab; vereinbart ggf. einen Folgetermin.				
■ nutzt weitere Beratungs- und Verkaufschancen.				
Fachkompetenz Der Prüfling …	🙂	😐	🙁	
■ nennt Konditionen und gesetzliche/vertragliche Regelungen.				
■ erklärt Fachbegriffe für den Kunden verständlich.				
■ erteilt Informationen richtig und vollständig.				

13. Situation „Sparen mit Wertpapieren"

Eine Ihnen unbekannte Person hat bei Ihnen einen Gesprächstermin vereinbart. Aus der Terminnotiz können Sie entnehmen, dass diese zum Thema „Sparen mit Wertpapieren" beraten werden möchte.

Beraten Sie die Person!

Hinweis: WpHG-Bogen und Geeignetheitserklärung müssen nicht im Detail besprochen und erstellt werden!

Gesprächsleitfaden „Sparen mit Wertpapieren"

Was lege ich in die Beratermappe?

Was gebe ich der Person?

Wie gestalte ich das Gespräch?
(Hinweis: Die Phasen sind häufig nicht trennscharf abzugrenzen!)

Kontaktphase

Informations- und Analysephase

Verkaufsphase

Angebotsphase

Abschlussphase

Bewertungsbogen Kundenberatungsgespräch

Tätigkeit: Vermögen aufbauen
Situation: Sparen mit Wertpapieren

Verhaltenskompetenz				Beobachtungen
Kontaktverhalten und Auftreten Der Prüfling …	☺	😐	☹	
■ nimmt Blickkontakt auf und hat eine offene, der Person zugewandte Körperhaltung.				
■ begrüßt die Person freundlich.				
■ spricht die Person mit Namen an.				
■ stellt einen Bezug zum Gesprächsanlass her und initiiert ein „Warming-up“.				
■ schafft eine angenehme Atmosphäre.				
■ stellt sich selbst und ggf. sein Kreditinstitut vor.				
■ setzt analoge und/oder digitale Hilfsmittel ein.				
Informations- und Analyseverhalten Der Prüfling …	☺	😐	☹	
■ stellt offene Fragen zum Anliegen der Person.				
■ erfragt und analysiert die Bedürfnisse der Person.				
■ führt das Kundenberatungsgespräch situationsbezogen und ergebnisorientiert.				
■ hört konzentriert zu und lässt die Person ausreden.				
■ fasst die wesentlichen Fakten der Person zusammen.				
■ klärt ab, ob die Person noch Fragen, Anmerkungen oder Ergänzungen hat.				
Verkaufsverhalten Der Prüfling …	☺	😐	☹	
■ unterbreitet ein bedarfsgerechtes Angebot.				
■ visualisiert anschaulich und kundenindividuell.				
■ überzeugt mit zur Kundensituation passenden Argumenten.				
■ kann mit Einwänden umgehen.				
■ schließt das Kundengeschäft ab; vereinbart ggf. einen Folgetermin.				
■ nutzt weitere Beratungs- und Verkaufschancen.				
Fachkompetenz Der Prüfling …	☺	😐	☹	
■ nennt Konditionen und gesetzliche/vertragliche Regelungen.				
■ erklärt Fachbegriffe für die Person verständlich.				
■ erteilt Informationen richtig und vollständig.				

1.5.4 Risiken absichern

14. Situation „Altersvorsorge"

Ihre Kundin (22 Jahre) möchte nach der Beendigung ihrer Ausbildung zur Tierarzthelferin etwas für ihre Altersvorsorge tun.

Folgende Kontodaten liegen Ihnen vor:

Girokonto
Saldo: 780,34 € (H)
girocard
Online-Banking mit push-TAN

Beraten Sie die Kundin!

Gesprächsleitfaden „Altersvorsorge"

Was lege ich in die Beratermappe?

____
____
____
____
____
____
____
____
____
____
____

Was gebe ich der Kundin?

____
____
____
____
____
____
____
____
____
____
____

Wie gestalte ich das Gespräch?
(Hinweis: Die Phasen sind häufig nicht trennscharf abzugrenzen!)

Kontaktphase

____
____
____
____
____
____

Informations- und Analysephase

____
____
____
____
____
____
____
____
____
____
____

Verkaufsphase

Angebotsphase

____
____
____
____
____
____

Abschlussphase

____
____
____
____
____
____
____

Bewertungsbogen Kundenberatungsgespräch

Tätigkeit: Risiken absichern
Situation: Altersvorsorge

Verhaltenskompetenz	:-)	:-|	:-(	Beobachtungen
Kontaktverhalten und Auftreten Der Prüfling …				
■ nimmt Blickkontakt auf und hat eine offene, der Kundin zugewandte Körperhaltung.				
■ begrüßt die Kundin freundlich.				
■ spricht die Kundin mit Namen an.				
■ stellt einen Bezug zum Gesprächsanlass her und initiiert ein „Warming-up".				
■ schafft eine angenehme Atmosphäre.				
■ stellt sich selbst und ggf. sein Kreditinstitut vor.				
■ setzt analoge und/oder digitale Hilfsmittel ein.				
Informations- und Analyseverhalten Der Prüfling …	:-)	:-|	:-(	
■ stellt offene Fragen zum Anliegen der Kundin.				
■ erfragt und analysiert die Bedürfnisse der Kundin.				
■ führt das Kundenberatungsgespräch situationsbezogen und ergebnisorientiert.				
■ hört konzentriert zu und lässt die Kundin ausreden.				
■ fasst die wesentlichen Fakten der Kundin zusammen.				
■ klärt ab, ob die Kundin noch Fragen, Anmerkungen oder Ergänzungen hat.				
Verkaufsverhalten Der Prüfling …	:-)	:-|	:-(	
■ unterbreitet ein bedarfsgerechtes Angebot.				
■ visualisiert anschaulich und kundenindividuell.				
■ überzeugt mit zur Kundensituation passenden Argumenten.				
■ kann mit Einwänden umgehen.				
■ schließt das Kundengeschäft ab; vereinbart ggf. einen Folgetermin.				
■ nutzt weitere Beratungs- und Verkaufschancen.				
Fachkompetenz Der Prüfling …	:-)	:-|	:-(	
■ nennt Konditionen und gesetzliche/vertragliche Regelungen.				
■ erklärt Fachbegriffe für die Kundin verständlich.				
■ erteilt Informationen richtig und vollständig.				

15. Situation „Absicherung der Familie"

Ihr Kunde hat bei Ihnen einen Termin vereinbart. Er möchte sein Kind ausreichend absichern.

Folgende Kunden- und Kontendaten liegen Ihnen vor:

- 45 Jahre
- Familienstand: verwitwet, ein Kind (14 Jahre)

Girokonto	**Festgeld**	**Annuitätendarlehen**
Saldo: 1.699,34 € (H)	Saldo: 10.000,00 € (H)	Saldo: 230.389,45 € (S)
girocard	Laufzeit: 12 Monate	monatliche Rate: 1.500,00 €
Online-Banking mit push-TAN	Freistellungsauftrag: 600,00 €	Ablauf Zinsbindung: in 13 Jahren

Beraten Sie den Kunden!

Gesprächsleitfaden „Absicherung der Familie"

Was lege ich in die Beratermappe?

Was gebe ich dem Kunden?

Wie gestalte ich das Gespräch?
(Hinweis: Die Phasen sind häufig nicht trennscharf abzugrenzen!)

Kontaktphase

Informations- und Analysephase

Verkaufsphase

Angebotsphase

Abschlussphase

Bewertungsbogen Kundenberatungsgespräch

Tätigkeit: Risiken absichern
Situation: Absicherung der Familie

Verhaltenskompetenz				Beobachtungen
Kontaktverhalten und Auftreten Der Prüfling …	☺	😐	☹	
▪ nimmt Blickkontakt auf und hat eine offene, dem Kunden zugewandte Körperhaltung.				
▪ begrüßt den Kunden freundlich.				
▪ spricht den Kunden mit Namen an.				
▪ stellt einen Bezug zum Gesprächsanlass her und initiiert ein „Warming-up".				
▪ schafft eine angenehme Atmosphäre.				
▪ stellt sich selbst und ggf. sein Kreditinstitut vor.				
▪ setzt analoge und/oder digitale Hilfsmittel ein.				
Informations- und Analyseverhalten Der Prüfling …	☺	😐	☹	
▪ stellt offene Fragen zum Anliegen des Kunden.				
▪ erfragt und analysiert die Kundenbedürfnisse.				
▪ führt das Kundenberatungsgespräch situationsbezogen und ergebnisorientiert.				
▪ hört konzentriert zu und lässt den Kunden ausreden.				
▪ fasst die wesentlichen Fakten des Kunden zusammen.				
▪ klärt ab, ob der Kunde noch Fragen, Anmerkungen oder Ergänzungen hat.				
Verkaufsverhalten Der Prüfling …	☺	😐	☹	
▪ unterbreitet ein bedarfsgerechtes Angebot.				
▪ visualisiert anschaulich und kundenindividuell.				
▪ überzeugt mit zur Kundensituation passenden Argumenten.				
▪ kann mit Einwänden umgehen.				
▪ schließt das Kundengeschäft ab; vereinbart ggf. einen Folgetermin.				
▪ nutzt weitere Beratungs- und Verkaufschancen.				
Fachkompetenz Der Prüfling …	☺	😐	☹	
▪ nennt Konditionen und gesetzliche/vertragliche Regelungen.				
▪ erklärt Fachbegriffe für den Kunden verständlich.				
▪ erteilt Informationen richtig und vollständig.				

1.5.5 Baufinanzierungsvorhaben im Privatkundengeschäft begleiten

16. Situation „Kauf eines Hauses"

Ihr langjähriger Kunde hat bei Ihnen einen Gesprächstermin vereinbart, um über die Finanzierung eines Hauskaufs zu sprechen.

Folgende Kunden- und Kontendaten liegen Ihnen vor:

- 32 Jahre
- Familienstand: verheiratet mit zwei Kindern (Zwillinge 7 Jahre)
- Beruf: Tischler
- SCHUFA-Auskunft der Eheleute in Ordnung

Girokonto (Oder-Konto)	Tagesgeldkonto	Bausparvertrag
Saldo: 2.577,89 € (H) Dispositionskredit: 5.000,00 € girocard	Saldo: 50.000,00 € (H) Freistellungsauftrag: 1.500,00 €	Guthaben: 50.376.47 € Sparleistung: mtl. 500,00 € und VL Bausparsumme: 100.000,00 € Freistellungsauftrag: 500,00 €

Beraten Sie den Kunden!

Hinweis: Die Anforderungen der Wohnimmobilienkreditrichtlinie sind für diesen Fall außer Acht zu lassen. Es handelt sich um ein Anbahnungsgespräch. Die unverbindliche Ermittlung einer Kreditrate sowie die Erläuterungen zu banküblichen Produkten und Informationen sollen Gegenstand Ihrer Beratung sein.

Gesprächsleitfaden „Kauf eines Hauses"

Was lege ich in die Beratermappe?	
Was gebe ich dem Kunden?	

Wie gestalte ich das Gespräch?
(Hinweis: Die Phasen sind häufig nicht trennscharf abzugrenzen!)

Kontaktphase

Informations- und Analysephase

Verkaufsphase

Angebotsphase

Abschlussphase

Bewertungsbogen Kundenberatungsgespräch

Tätigkeit: **Baufinanzierungsvorhaben im Privatkundengeschäft begleiten**
Situation: **Kauf eines Hauses**

Verhaltenskompetenz				Beobachtungen
Kontaktverhalten und Auftreten Der Prüfling …	🙂	😐	🙁	
■ nimmt Blickkontakt auf und hat eine offene, dem Kunden zugewandte Körperhaltung.				
■ begrüßt den Kunden freundlich.				
■ spricht den Kunden mit Namen an.				
■ stellt einen Bezug zum Gesprächsanlass her und initiiert ein „Warming-up".				
■ schafft eine angenehme Atmosphäre.				
■ stellt sich selbst und ggf. sein Kreditinstitut vor.				
■ setzt analoge und/oder digitale Hilfsmittel ein.				
Informations- und Analyseverhalten Der Prüfling …	🙂	😐	🙁	
■ stellt offene Fragen zum Anliegen des Kunden.				
■ erfragt und analysiert die Kundenbedürfnisse.				
■ führt das Kundenberatungsgespräch situationsbezogen und ergebnisorientiert.				
■ hört konzentriert zu und lässt den Kunden ausreden.				
■ fasst die wesentlichen Fakten des Kunden zusammen.				
■ klärt ab, ob der Kunde noch Fragen, Anmerkungen oder Ergänzungen hat.				
Verkaufsverhalten Der Prüfling …	🙂	😐	🙁	
■ unterbreitet ein bedarfsgerechtes Angebot.				
■ visualisiert anschaulich und kundenindividuell.				
■ überzeugt mit zur Kundensituation passenden Argumenten.				
■ kann mit Einwänden umgehen.				
■ schließt das Kundengeschäft ab; vereinbart ggf. einen Folgetermin.				
■ nutzt weitere Beratungs- und Verkaufschancen.				
Fachkompetenz Der Prüfling …	🙂	😐	🙁	
■ nennt Konditionen und gesetzliche/vertragliche Regelungen.				
■ erklärt Fachbegriffe für den Kunden verständlich.				
■ erteilt Informationen richtig und vollständig.				

17. Situation „Neubau"

Ihr langjähriger Kunde hat bei Ihnen einen Gesprächstermin vereinbart, um über die Finanzierung eines Neubaus zu sprechen.

Folgende Kunden- und Kontendaten liegen Ihnen vor:

- 28 Jahre
- Familienstand: verheiratet mit zwei Kindern (3 und 6 Jahre)
- Beruf: Kaufmann für Versicherungen und Finanzen
- SCHUFA-Abfrage: keine negativen Merkmale

Girokonto	**Depot**
Saldo: 4.322,89 € (H)	Saldo: 30.489,22 € (H)
Dispositionskredit: 1.000,00 €	Freistellungsauftrag: 1.200,00 €
girocard	

Beraten Sie den Kunden!

Hinweis: Die Anforderungen der Wohnimmobilienkreditrichtlinie sind für diesen Fall außer Acht zu lassen. Es handelt sich um ein Anbahnungsgespräch. Die unverbindliche Ermittlung einer Kreditrate sowie die Erläuterungen zu banküblichen Produkten und Informationen sollen Gegenstand Ihrer Beratung sein.

Gesprächsleitfaden „Neubau"

Was lege ich in die Beratermappe?

Was gebe ich dem Kunden?

Wie gestalte ich das Gespräch?
(Hinweis: Die Phasen sind häufig nicht trennscharf abzugrenzen!)

Kontaktphase

Informations- und Analysephase

Verkaufsphase

Angebotsphase

Abschlussphase

Bewertungsbogen Kundenberatungsgespräch

Tätigkeit: Baufinanzierungsvorhaben im Privatkundengeschäft begleiten
Situation: Neubau

Verhaltenskompetenz				Beobachtungen
Kontaktverhalten und Auftreten Der Prüfling …	🙂	😐	🙁	
▪ nimmt Blickkontakt auf und hat eine offene, dem Kunden zugewandte Körperhaltung.				
▪ begrüßt den Kunden freundlich.				
▪ spricht den Kunden mit Namen an.				
▪ stellt einen Bezug zum Gesprächsanlass her und initiiert ein „Warming-up".				
▪ schafft eine angenehme Atmosphäre.				
▪ stellt sich selbst und ggf. sein Kreditinstitut vor.				
▪ setzt analoge und/oder digitale Hilfsmittel ein.				
Informations- und Analyseverhalten Der Prüfling …	🙂	😐	🙁	
▪ stellt offene Fragen zum Anliegen des Kunden.				
▪ erfragt und analysiert die Kundenbedürfnisse.				
▪ führt das Kundenberatungsgespräch situationsbezogen und ergebnisorientiert.				
▪ hört konzentriert zu und lässt den Kunden ausreden.				
▪ fasst die wesentlichen Fakten des Kunden zusammen.				
▪ klärt ab, ob der Kunde noch Fragen, Anmerkungen oder Ergänzungen hat.				
Verkaufsverhalten Der Prüfling …	🙂	😐	🙁	
▪ unterbreitet ein bedarfsgerechtes Angebot.				
▪ visualisiert anschaulich und kundenindividuell.				
▪ überzeugt mit zur Kundensituation passenden Argumenten.				
▪ kann mit Einwänden umgehen.				
▪ schließt das Kundengeschäft ab; vereinbart ggf. einen Folgetermin.				
▪ nutzt weitere Beratungs- und Verkaufschancen.				
Fachkompetenz Der Prüfling …	🙂	😐	🙁	
▪ nennt Konditionen und gesetzliche/vertragliche Regelungen.				
▪ erklärt Fachbegriffe für den Kunden verständlich.				
▪ erteilt Informationen richtig und vollständig.				

18. Situation „Kauf einer Eigentumswohnung"

Eine Ihnen bisher unbekannte Person hat einen Termin vereinbart, um über die Finanzierung einer Eigentumswohnung zu sprechen.

Beraten Sie die Person!

Gesprächsleitfaden „Kauf einer Eigentumswohnung"

Was lege ich in die Beratermappe?

Was gebe ich der Person?

Wie gestalte ich das Gespräch?
(Hinweis: Die Phasen sind häufig nicht trennscharf abzugrenzen!)

Kontaktphase

Informations- und Analysephase

Verkaufsphase

Angebotsphase

Abschlussphase

Bewertungsbogen Kundenberatungsgespräch

Tätigkeit: Baufinanzierungsvorhaben im Privatkundengeschäft begleiten
Situation: Kauf einer Eigentumswohnung

Verhaltenskompetenz				Beobachtungen
Kontaktverhalten und Auftreten Der Prüfling …	🙂	😐	🙁	
nimmt Blickkontakt auf und hat eine offene, der Person zugewandte Körperhaltung.				
begrüßt die Person freundlich.				
spricht die Person mit Namen an.				
stellt einen Bezug zum Gesprächsanlass her und initiiert ein „Warming-up".				
schafft eine angenehme Atmosphäre.				
stellt sich selbst und ggf. sein Kreditinstitut vor.				
setzt analoge und/oder digitale Hilfsmittel ein.				
Informations- und Analyseverhalten Der Prüfling …	🙂	😐	🙁	
stellt offene Fragen zum Anliegen der Person.				
erfragt und analysiert die Bedürfnisse der Person.				
führt das Kundenberatungsgespräch situationsbezogen und ergebnisorientiert.				
hört konzentriert zu und lässt die Person ausreden.				
fasst die wesentlichen Fakten der Person zusammen.				
klärt ab, ob die Person noch Fragen, Anmerkungen oder Ergänzungen hat.				
Verkaufsverhalten Der Prüfling …	🙂	😐	🙁	
unterbreitet ein bedarfsgerechtes Angebot.				
visualisiert anschaulich und kundenindividuell.				
überzeugt mit zur Kundensituation passenden Argumenten.				
kann mit Einwänden umgehen.				
schließt das Kundengeschäft ab; vereinbart ggf. einen Folgetermin.				
nutzt weitere Beratungs- und Verkaufschancen.				
Fachkompetenz Der Prüfling …	🙂	😐	🙁	
nennt Konditionen und gesetzliche/vertragliche Regelungen.				
erklärt Fachbegriffe für die Person verständlich.				
erteilt Informationen richtig und vollständig.				

2 Mündliche Ergänzungsprüfung

Sie erhalten durch die mündliche Ergänzungsprüfung die Möglichkeit, in einem schriftlichen Prüfungsbereich der GAP 2 mit nicht ausreichender Leistung Ihre Kenntnisse erneut unter Beweis zu stellen. Diese Regelung gilt nicht für das Kundenberatungsgespräch.

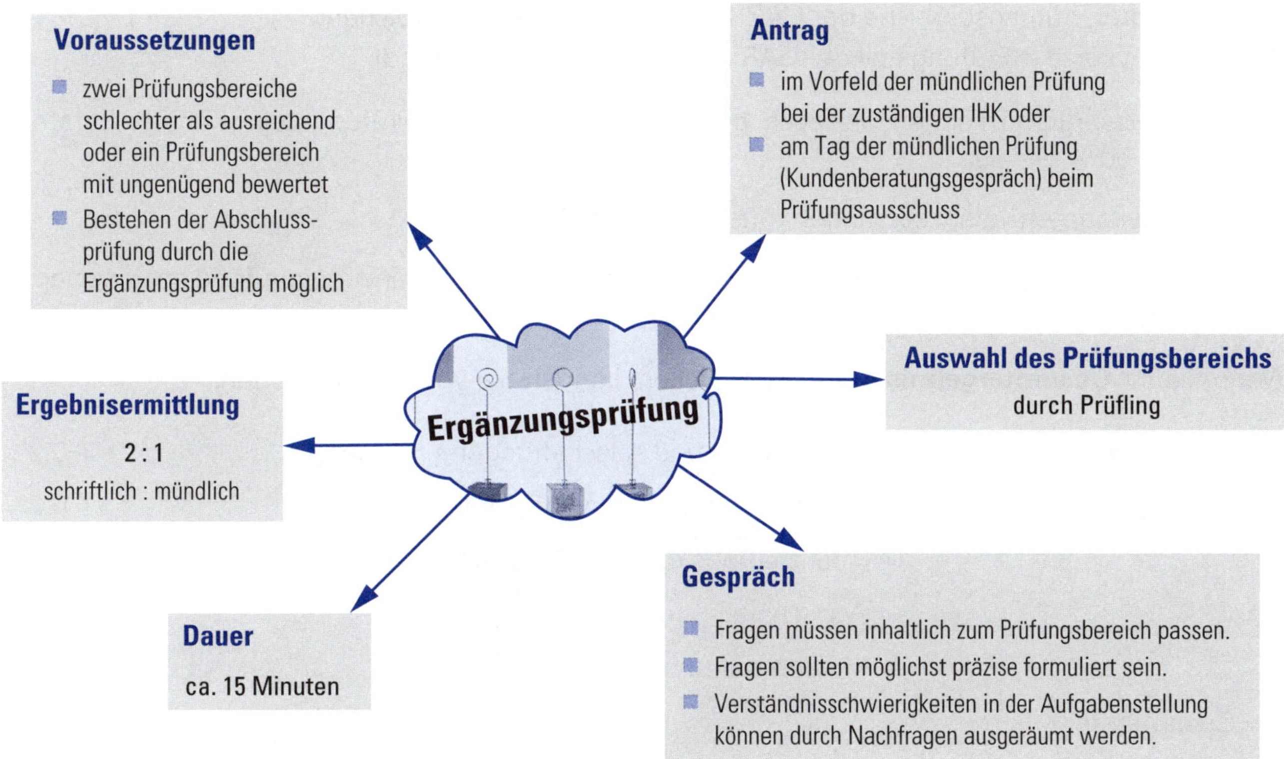

2.1 Bestehensregelung der Abschlussprüfung

Zum **Bestehen der Abschlussprüfung** müssen folgende Voraussetzungen erfüllt sein:

- Gesamtergebnis der GAP 1 und GAP 2 mindestens 50 % (ausreichend)
- Ergebnis der GAP 2
  - insgesamt mindestens 50 % (ausreichend)
  - drei Prüfungsbereiche der GAP 2 mindestens 50 % (ausreichend)
  - in keinem Prüfungsteil der GAP 2 unter 30 % (ungenügend)

Die Abschlussprüfung können Sie auch bestehen, wenn Sie im Prüfungsteil „Kunden beraten" weniger als 50 % erzielen.

Alle oben genannten Voraussetzungen müssen aber erfüllt sein.

Den Prüfungsteil „Kunden beraten" können Sie nicht durch eine Ergänzungsprüfung ausgleichen.

Wenn Sie Ihr **Gesamtergebnis berechnen** wollen, können Sie wie folgt vorgehen:

Prozentpunkte aus	Konten führen und Anschaffungen finanzieren	* 0,2
	+ Vermögen aufbauen und Risiken absichern	* 0,2
	+ Finanzierungsvorhaben begleiten	* 0,2
	+ Wirtschafts- und Sozialkunde	* 0,1
	+ Kunden beraten	* 0,3
= Gesamtergebnis		

Hinweis: Zwischenergebnisse werden nicht gerundet.

Übersicht Prozentpunkte in Noten

Prozentpunkte	Note
100 – 92	1
91 – 81	2
80 – 67	3
66 – 50	4
49 – 30	5
29 – 0	6

2.2 Beispiele zur Bestehensregelung

Jan-Ole Fritz

Jan-Ole Fritz erhielt beim Online-Abruf seiner Prüfungsergebnisse folgende Mitteilung:

Es wurden die folgenden vorläufigen Prüfungsergebnisse in der GAP 2 erzielt:

Prüfungsbereich	Prozentpunkte	Note
Vermögen aufbauen und Risiken absichern	51	4
Finanzierungsvorhaben begleiten	48	5
Wirtschafts- und Sozialkunde	50	4

Jan-Ole Fritz kann und darf sich aufgrund seiner einen **mangelhaften Leistung** in **Finanzierungsvorhaben begleiten** zu diesem Zeitpunkt zu keiner Ergänzungsprüfung anmelden.

Nach Absolvierung des Prüfungsbereichs **Kunden beraten** liegen allerdings folgende Ergebnisse vor:

Prüfungsbereich	Prozentpunkte	Note
GAP 1		
Konten führen und Anschaffungen finanzieren	38	5
GAP 2		
Vermögen aufbauen und Risiken absichern	51	4
Finanzierungsvorhaben begleiten	48	5
Wirtschafts- und Sozialkunde	50	4
Kunden beraten	55	4
Gesamtergebnis	**49**	**5**

Jan-Ole Fritz muss sich nun doch noch einer Ergänzungsprüfung im Prüfungsbereich **Finanzierungsvorhaben begleiten** unterziehen, um die Prüfung zu bestehen, da das Gesamtergebnis weniger als 50 Prozentpunkte aufweist.

Diese Entscheidung muss er sofort nach Bekanntgabe des Prüfungsergebnisses im Rahmen des Prüfungsteils **Kunden beraten** gegenüber dem Prüfungsausschuss bekanntgeben. Meist findet die Ergänzungsprüfung sofort im Anschluss bzw. noch am selben Tag statt.

In der Ergänzungsprüfung benötigt er mindestens 56 Prozentpunkte, um auf ein Gesamtergebnis von 50 Prozentpunkten zu gelangen. Den Prüfungsbereich **Finanzierungsvorhaben begleiten** hat er dann mit insgesamt 51 Prozentpunkten und der Note 4 bestanden.

Jonas Schmied

Jonas Schmied erhielt beim Online-Abruf seiner Prüfungsergebnisse folgende Mitteilung:

Es wurden die folgenden vorläufigen Prüfungsergebnisse in der GAP 2 erzielt:		
Prüfungsbereich	**Prozentpunkte**	**Note**
Vermögen aufbauen und Risiken absichern	57	4
Finanzierungsvorhaben begleiten	41	5
Wirtschafts- und Sozialkunde	49	5

Jonas Schmied kann aufgrund der **zwei mangelhaften Leistungen** nur noch durch eine Ergänzungsprüfung bestehen.

Er hat die Wahl zwischen **Finanzierungsvorhaben begleiten** und **Wirtschafts- und Sozialkunde**.

Jonas Schmied sollte sich aufgrund der erzielten 49 Prozentpunkte in **Wirtschafts- und Sozialkunde** für diesen Prüfungsbereich entscheiden. In der Ergänzungsprüfung benötigt er mindestens 52 Prozentpunkte, um den Prüfungsbereich mit dann insgesamt 50 Prozentpunkten und der Note 4 zu bestehen.

Falls er sich für **Finanzierungsvorhaben begleiten** entscheiden würde, braucht er mindestens 68 Prozentpunkte in der Ergänzungsprüfung.

Nach Absolvierung des Kundenberatungsgesprächs und einer Ergänzungsprüfung (EP) in **Wirtschafts- und Sozialkunde** liegen folgende Ergebnisse vor:

Prüfungsbereich	Prozentpunkte	EP	Ergebis nach EP	Note
GAP 1				
Konten führen und Anschaffungen finanzieren	45			5
GAP 2				
Vermögen aufbauen und Risiken absichern	57			4
Finanzierungsvorhaben begleiten	41			5
Wirtschafts- und Sozialkunde	49	58	52	4
Kunden beraten	55			4
Gesamtergebnis	**50**			**4**

Jonas Schmied hat die Prüfung mit 50 Prozentpunkten und der Note 4 bestanden.

Madeleine Dupres

Madeleine Dupres erhielt beim Online-Abruf ihrer Prüfungsergebnisse folgende Mitteilung:

Es wurden die folgenden vorläufigen Prüfungsergebnisse in der GAP 2 erzielt:		
Prüfungsbereich	**Prozentpunkte**	**Note**
Vermögen aufbauen und Risiken absichern	43	5
Finanzierungsvorhaben begleiten	65	4
Wirtschafts- und Sozialkunde	72	3

Madeleine Dupres kann und darf sich aufgrund ihrer einen **mangelhaften Leistung in Vermögen aufbauen und Risiken absichern** zu diesem Zeitpunkt zu keiner Ergänzungsprüfung anmelden.

Nach Absolvierung des Prüfungsbereichs **Kunden beraten** liegen folgende Ergebnisse vor:

Es wurden die folgenden vorläufigen Prüfungsergebnisse erzielt:		
Prüfungsbereich	**Prozentpunkte**	**Note**
GAP 1		
Konten führen und Anschaffungen finanzieren	69	3
GAP 2		
Vermögen aufbauen und Risiken absichern	43	5
Finanzierungsvorhaben begleiten	65	4
Wirtschafts- und Sozialkunde	72	3
Kunden beraten	44	5

Madeleine Dupres muss sich nun doch noch einer Ergänzungsprüfung im Prüfungsbereich **Vermögen aufbauen und Risiken absichern** unterziehen, um die Prüfung zu bestehen, da sie in **zwei Prüfungsbereichen** der GAP 2 Prüfung ein **mangelhaftes Ergebnis** erzielt hat.

Diese Entscheidung muss sie nach Bekanntgabe des Prüfungsergebnisses im Rahmen des Prüfungsteils **Kunden beraten** gegenüber dem Prüfungsausschuss bekanntgeben. Meist findet die Ergänzungsprüfung sofort im Anschluss bzw. noch am selben Tag statt.

In der Ergänzungsprüfung benötigt sie mindestens 64 Prozentpunkte, um den Prüfungsbereich mit dann insgesamt 50 Prozentpunkten und der Note 4 zu bestehen. Eine Ergänzungsprüfung im Prüfungsbereich **Kunden beraten** ist nicht möglich, da diese nur in den schriftlichen Prüfungsbereichen zulässig ist.

Nach Absolvierung der Ergänzungsprüfung in **Vermögen aufbauen und Risiken absichern** liegen folgende Ergebnisse vor:

Prüfungsbereich	**Prozent-punkte**	**EP**	**Ergebis nach EP**	**Note**
GAP 1				
Konten führen und Anschaffungen finanzieren	69			3
GAP 2				
Vermögen aufbauen und Risiken absichern	43	67	51	4
Finanzierungsvorhaben begleiten	65			4
Wirtschafts- und Sozialkunde	72			3
Kunden beraten	44			5
Gesamtergebnis	**57**			**4**

Madeleine Dupres hat die Prüfung mit 57 Prozentpunkten und der Note 4 bestanden.

Elisa Grone

Elisa Grone erhielt beim Online-Abruf ihrer Prüfungsergebnisse folgende Mitteilung:

Es wurden die folgenden vorläufigen Prüfungsergebnisse in der GAP 2 erzielt:

Prüfungsbereich	Prozentpunkte	Note
Vermögen aufbauen und Risiken absichern	28	6
Finanzierungsvorhaben begleiten	50	4
Wirtschafts- und Sozialkunde	59	4

Elisa Grone kann aufgrund der **ungenügenden Leistung** in **Vermögen aufbauen und Risiken absichern** nur noch durch eine Ergänzungsprüfung bestehen.

In der Ergänzungsprüfung benötigt sie mindestens 34 Prozentpunkte, um den Prüfungsbereich mit dann insgesamt 30 Prozentpunkten und der Note 5 abzuschließen.

Nach Absolvierung des Kundenberatungsgesprächs und einer Ergänzungsprüfung in **Vermögen aufbauen und Risiken absichern** liegen folgende Ergebnisse vor:

Prüfungsbereich	Prozent-punkte	EP	Ergebis nach EP	Note
GAP 1				
Konten führen und Anschaffungen finanzieren	56			4
GAP 2				
Vermögen aufbauen und Risiken absichern	28	43	33	5
Finanzierungsvorhaben begleiten	50			4
Wirtschafts- und Sozialkunde	59			4
Kunden beraten	70			3
Gesamtergebnis	**55**			**4**

Elisa Grone hat die Prüfung mit 55 Prozentpunkten und der Note 4 bestanden.

Katharina Mauser

Katharina Mauser erhielt beim Online-Abruf ihrer Prüfungsergebnisse folgende Mitteilung:

Es wurden die folgenden vorläufigen Prüfungsergebnisse in der GAP 2 erzielt:		
Prüfungsbereich	**Prozentpunkte**	**Note**
Vermögen aufbauen und Risiken absichern	49	5
Finanzierungsvorhaben begleiten	49	5
Wirtschafts- und Sozialkunde	49	5

Katharina Mauser kann aufgrund der drei **mangelhaften Leistungen** die Prüfung nicht mehr bestehen. Eine Ergänzungsprüfung ist deshalb nicht möglich.

Sie sollte trotzdem den Prüfungsbereich **Kunden beraten** absolvieren, da ihr das Prüfungsergebnis auf ihren Antrag im Wiederholungsfall erhalten bleibt.

Ben Glauber

Ben Glauber erhielt beim Online-Abruf seiner Prüfungsergebnisse folgende Mitteilung.

Es wurden die folgenden vorläufigen Prüfungsergebnisse in der GAP 2 erzielt:		
Prüfungsbereich	**Prozentpunkte**	**Note**
Vermögen aufbauen und Risiken absichern	24	6
Finanzierungsvorhaben begleiten	46	5
Wirtschafts- und Sozialkunde	56	4

Ben Glauber kann aufgrund der **ungenügenden Leistung** in **Vermögen aufbauen und Risiken absichern** sowie der **mangelhaften Leistung** in **Finanzierungsvorhaben begleiten** die Prüfung nicht mehr bestehen.

Eine Ergänzungsprüfung in **Vermögen aufbauen und Risiken absichern** ist aufgrund der geringen Punktzahl nicht möglich, da er mehr als 100 Prozentpunkte erlangen müsste, um insgesamt 50 Prozentpunkte und die Note 4 zu erreichen.

Er sollte trotzdem den Prüfungsbereich **Kunden beraten** absolvieren, da ihm das Prüfungsergebnis im Wiederholungsfall erhalten bleiben kann.

Die Prüfungsteile mit mindestens ausreichenden Leistungen (Wirtschafts- und Sozialkunde, ggf. auch Kunden beraten) muss er nicht wiederholen, sondern kann diese auf Antrag in die Wiederholungsprüfung übernehmen.

Sibylle Trater

Sibylle Trater erhielt beim Online-Abruf ihrer Prüfungsergebnisse folgende Mitteilung:

Es wurden die folgenden vorläufigen Prüfungsergebnisse in der GAP 2 erzielt:		
Prüfungsbereich	**Prozentpunkte**	**Note**
Vermögen aufbauen und Risiken absichern	43	5
Finanzierungsvorhaben begleiten	27	6
Wirtschafts- und Sozialkunde	58	4

Sibylle Trater kann aufgrund der **mangelhaften Leistung** in **Vermögen aufbauen und Risiken absichern** sowie der **ungenügenden Leistung** in **Finanzierungsvorhaben begleiten** nur noch durch eine Ergänzungsprüfung in **Finanzierungsvorhaben begleiten** bestehen.

In der Ergänzungsprüfung benötigt sie mindestens 96 Prozentpunkte, um den Prüfungsbereich mit dann insgesamt 50 Prozentpunkten und der Note 4 abzuschließen.

Nach Absolvierung des Kundenberatungsgesprächs und einer Ergänzungsprüfung in **Finanzierungsvorhaben begleiten** liegen folgende Ergebnisse vor:

Prüfungsbereich	**Prozent-punkte**	**EP**	**Ergebis nach EP**	**Note**
GAP 1				
Konten führen und Anschaffungen finanzieren	34			5
GAP 2				
Vermögen aufbauen und Risiken absichern	43			5
Finanzierungsvorhaben begleiten	27	39	31	5
Wirtschafts- und Sozialkunde	58			4
Kunden beraten	62			4
Gesamtergebnis	**46**			**5**

Sibylle Trater hat die Prüfung mit 46 Prozentpunkten nicht bestanden. Sie kann zum nächsten Prüfungstermin zur Wiederholungsprüfung antreten.

Sie muss nicht nur die Prüfungsteile **Vermögen aufbauen und Risiken absichern** und **Finanzierungsvorhaben begleiten** aus der **GAP 2 Prüfung**, sondern auch die **GAP 1 Prüfung** wiederholen, da sie diese mit weniger als 50 Prozentpunkten absolviert hat.

Die Prüfungsteile mit mindestens ausreichenden Leistungen (Wirtschafts- und Sozialkunde, Kunden beraten) muss sie nicht wiederholen, sondern kann diese auf Antrag in die Wiederholungsprüfung übernehmen.

2.3 Vorbereitung auf die Ergänzungsprüfung

Nutzen Sie die folgenden Vorschläge zur Simulation der Ergänzungsprüfung. Lassen Sie sich z. B. von Mitauszubildenden, Freunden und Arbeitskollegen mündlich abfragen.

Beachten Sie bei der Simulation die Zeitvorgabe von **15 Minuten** für die Beantwortung der Fragen. Es gibt beim Üben wie auch in der Prüfungssituation keine Vorbereitungszeit.

Die Aufgaben enthalten nicht wie gewohnt Lösungslinien, da es sich in der Ergänzungsprüfung um ein Gespräch handelt.

Durch die angebenden Prozentpunkte und Lösungsvorschläge im Lösungsteil können Sie nach der Durchführung der Simulation Ihre Leistung bewerten und reflektieren.

Nutzen Sie zur **fachlichen Vorbereitung** auf die Ergänzungsprüfung die Bücher „Neues Banking – Prüfungsvorbereitung aktuell Teil 1 und Teil 2"!

So können Sie Ihr **Prüfungsergebnis** nach der Ergänzungsprüfung (EP) **berechnen**:

1. Schritt

$$\frac{\text{erreichte Punktzahl}}{\text{Gesamtpunktzahl}} \cdot 100 = \text{Ergebnis der EP in Prozentpunkten}$$

2. Schritt

$$\frac{2 \cdot \text{schriftliches Prüfungsergebnis} + \text{Ergebnis der EP}}{3}$$

= Ergebnis des Prüfungsbereichs in Prozentpunkten

2.4 Beispiele für Ergänzungsprüfungen

2.4.1 Prüfungsbereich „Vermögen aufbauen und Risiken absichern"

Ergänzungsprüfung Nr. 1

Vermögen bilden mit Wertpapieren (ca. 75 %)

Ihr lediger Kunde Jasper Steinhoff hat 25.000,00 € von seinem Onkel geerbt und möchte das Geld in unterschiedlichen Anlageformen investieren. Er erwägt einen Teil in Investmentfonds, einen weiteren Teil in Aktien und den Rest in einem Pfandbrief anzulegen.

1. Nennen Sie drei Kundeninformationen mit je einem konkreten Beispiel, die im WpHG-Bogen dokumentiert werden müssen! (6 Punkte)
2. Erläutern Sie Herrn Steinhoff drei Vorteile, die für den Erwerb von Investmentanteilen im Vergleich zu einer Direktanlage in Aktien sprechen! (6 Punkte)
3. Zeigen Sie Ihrem Kunden zwei Kosten bei einer Anlage in Investmentanteilen auf! (2 Punkte)
4. Im Verlauf des Beratungsgespräches stellt Herr Steinhoff Fragen zu seinem geplanten Aktienkauf.
   a) Nennen Sie ihm drei Aktionärsrechte! (3 Punkte)
   b) Erklären Sie ihm anhand von zwei Aspekten, warum er ein Bezugsrecht bei einer Kapitalerhöhung gegen Einlagen hat! (4 Punkte)
5. Erläutern Sie Ihrem Kunden drei mögliche Pfandbriefarten! (6 Punkte)
6. Nennen Sie Herrn Steinhoff vier Sicherheitsmerkmale von Pfandbriefen! (4 Punkte)
7. Informieren Sie Ihren Kunden über den Unterschied zwischen der Nominalverzinsungund der Rendite (Effektivverzinsung) eines Pfandbriefs! (4 Punkte)
8. Nennen Sie Ihrem Kunden die zwei Möglichkeiten, Steuerabzüge bei Kapitalerträgen zu vermeiden bzw. zu reduzieren! (2 Punkte)
9. Geben Sie die Höhe des maximalen Sparer-Pauschbetrags für den Kunden Steinhoff an! (1 Punkt)

Zu Vorsorge und Absicherung informieren (ca. 25 %)

Ihre Kundin Fiona Mai interessiert sich für ihre private Vorsorge und Absicherung.

10. Erklären Sie Frau Mai den Grundaufbau des Drei-Schichten-Modells! Geben Sie ihr jeweils ein Beispiel für eine Vorsorgemöglichkeit! (6 Punkte)
11. Nennen Sie Frau Mai zwei mögliche Vertragsarten für die Anlage von Altersvorsorgebeiträgen im Rahmen der Riester-Förderung! (2 Punkte)
12. Frau Mai möchte nähere Erläuterungen zur Berufsunfähigkeitsversicherung. Erklären Sie ihr in diesem Zusammenhang, wann eine Berufsunfähigkeit vorliegt! (4 Punkte)

Ihre erreichten Punkte: ______ / 50 Punkten

Ergänzungsprüfung Nr. 2

Vermögen bilden mit Wertpapieren (ca. 75 %)

Johanna Drewitz möchte erstmals Geld in Wertpapieren investieren und bittet Sie dazu um verschiedene Informationen.

1. Sie wollen von Frau Drewitz die erforderlichen Kundeninformationen nach dem Wertpapierhandelsgesetz (WpHG) erfragen.
   a) Zeigen Sie der Kundin auf, wie Sie sich verhalten müssen, wenn sie die Auskunft verweigert! (2 Punkte)
   b) Geben Sie an, in welchem Dokument Sie Ihre Beratungsempfehlung und die Gründe dafür dokumentieren! (2 Punkte)
2. Frau Drewitz entschließt sich doch zur Auskunftserteilung und möchte nach Ihrer Beratung monatlich 100,00 € in einen Aktienfonds zu investieren.

   Erläutern Sie ihr drei Rechte als Anteilseignerin am Aktienfonds! (6 Punkte)
3. Erklären Sie Ihrer Kundin den Cost-Average-Effekt! (6 Punkte)
4. Erläutern Sie Frau Drewitz die Arten von Investmentfonds nach dem Merkmal der Ausschüttung! (4 Punkte)
5. Weiterhin möchte Frau Drewitz eine Bundesanleihe erwerben.

   Beurteilen Sie das Emittentenrisiko dieser Anleihe anhand von zwei Argumenten! (4 Punkte)
6. Sie erläutern der Kundin, dass beim Erwerb der Bundesanleihe Stückzinsen anfallen.

   Begründen Sie die Notwendigkeit dafür! (6 Punkte)
7. Frau Drewitz hat in der Tageszeitung gesehen, dass hinter einigen Aktien „VZ" steht.

   Erklären Sie der Kundin den Hinweis „VZ" hinter der Aktienbezeichnung! (2 Punkte)
8. Der Erwerb der Bundesanleihe wird als Festpreisgeschäft durchgeführt, der Erwerb der Aktien als Kommissionsgeschäft.

   Erläutern Sie Frau Drewitz diese beiden Möglichkeiten der Auftragsausführung! (6 Punkte)

Zu Vorsorge und Absicherung informieren (ca. 25 %)

Ihr Kunde Marius Möller lässt sich von Ihnen zu seiner Versicherungs- und Vorsorgesituation beraten.

9. Erläutern Sie Herrn Möller drei Möglichkeiten für den Umgang mit Risiken und geben Sie jeweils ein Beispiel dazu an! (6 Punkte)
10. Herr Möller interessiert sich für eine Riester-Rente.

    Nennen Sie ihm drei Voraussetzungen für den Erhalt von staatlichen Förderungen nach dem Altersvermögensgesetz! (6 Punkte)

Ihre erreichten Punkte: ______ **/ 50 Punkten**

2.4.2 Prüfungsbereich „Finanzierungsvorhaben begleiten“

Ergänzungsprüfung Nr. 3

Baufinanzierungen vorbereiten und bearbeiten (ca. 50 %)

Ihre Kunden Eheleute Schlevoigt wollen eine ältere Doppelhaushälfte kaufen, die über Ihr Kreditinstitut finanziert werden soll.

1. Nennen Sie vier Objektunterlagen, die Sie von den Kunden zur Beurteilung des Finanzierungswunsches benötigen! (4 Punkte)
2. Sie informieren die Eheleute Schlevoigt, dass neben dem Kaufpreis der Immobilie auch Erwerbsnebenkosten anfallen.

   Nennen Sie Ihren Kunden zwei mögliche Erwerbsnebenkosten! (4 Punkte)
3. Erklären Sie den Kunden, was eine Auflassungsvormerkung ist und wo sie im Grundbuch eingetragen wird! (5 Punkte)
4. Der Kredit bei Ihnen soll mit einer Grundschuld besichert werden, wofür eine Sicherungszweckerklärung benötigt wird.

   Begründen Sie den Eheleuten die Notwendigkeit der Sicherungszweckerklärung! (2 Punkte)
5. Die Eheleute Schlevoigt legen Ihnen einen aktuellen Grundbuchauszug vor.

   Erläutern Sie den Kunden den Aufbau des Grundbuchs und den Inhalt der fünf Grundbuchteile! (10 Punkte)

An gewerblichen Finanzierungen mitwirken (ca. 50 %)

Ihre Firmenkundin, die Reit GmbH, möchte ihren neuen Pferdetransporter über Ihr Kreditinstitut finanzieren lassen. Dieser Kredit soll mit einer Sicherungsübereignung abgesichert werden.

6. Der Geschäftsführer hat zum Beratungsgespräch bereits die Jahresabschlüsse der letzten Jahre mitgebracht.

   Nennen Sie Ihm zwei weitere Unterlagen zur Überprüfung der materiellen Kreditwürdigkeit der Reit GmbH und beschreiben Sie die Informationen, die Sie diesen entnehmen können! (4 Punkte)
7. Sie empfehlen Ihrer Firmenkundin ein Tilgungsdarlehen.

   Erklären Sie Ihrer Kundin diese Darlehensart! (3 Punkte)
8. Die betriebsgewöhnliche Nutzungsdauer des Pferdetransporters beträgt neun Jahre.

   Beraten Sie Ihre Kundin zur Laufzeit des Darlehens! (3 Punkte)
9. Zeigen Sie der Kundin drei Maßnahmen auf, die für das Zustandekommen der Sicherungsübereignung notwendig sind! (6 Punkte)
10. Erläutern Sie drei Risiken bei einer Sicherungsübereignung. Nennen Sie außerdem je eine Maßnahme zur Ausschaltung oder Abschwächung des jeweiligen Risikos! (9 Punkte)

Ihre erreichten Punkte: ______ **/ 50 Punkten**

Ergänzungsprüfung Nr. 4

Baufinanzierungen vorbereiten und bearbeiten (ca. 50 %)

Ihr Kunde Kai Strommel lässt sich von Ihnen zur Finanzierung seines Neubaus beraten.

1. Nennen Sie Herrn Strommel drei objektbezogene Unterlagen, die Sie zur Beurteilung des Finanzierungsantrags benötigen sowie den jeweiligen Grund dafür! (6 Punkte)
2. Sie ermitteln den Kapitaldienst von Herrn Strommel.

   Nennen Sie außer den Lebenshaltungskosten drei weitere Ausgaben, die Sie bei der Ermittlung des Kapitaldienstes berücksichtigen! (6 Punkte)
3. Herr Strommel fragt nach möglichen Baunebenkosten seines Neubaus.

   Nennen Sie Ihrem Kunden drei mögliche Baunebenkosten! (6 Punkte)
4. Sie empfehlen Herrn Strommel ein Annuitätendarlehen mit einer Zinsfestschreibung von 15 Jahren.

   Begründen Sie Ihrem Kunden die Empfehlung anhand von zwei Aspekten! (4 Punkte)
5. Erläutern Sie Herrn Strommel, wie sich die Zins- und Tilgungsleistungen und die Rate beim Annuitätendarlehen während der Darlehenslaufzeit darstellen! (3 Punkte)

An gewerblichen Finanzierungen mitwirken (ca. 50 %)

Der Vorstandsvorsitzende der Glücksbrot AG beantragt bei Ihnen einen Investitionskredit zur Anschaffung von neuen Produktionsmaschinen und einen Betriebsmittelkredit zur Überbrückung von konjunkturellen Absatzschwierigkeiten.

6. Erläutern Sie dem Vorstandsvorsitzenden, wie Sie die Kreditfähigkeit der Glücksbrot AG überprüfen! (2 Punkte)
7. Zeigen Sie dem Kunden anhand von drei Aspekten die Unterschiede zwischen einem Investitions- und einem Betriebsmittelkredit! (12 Punkte)
8. Sie empfehlen, das Investitionsdarlehen als Abzahlungsdarlehen (Tilgungsdarlehen) zu vereinbaren.

   Beschreiben Sie dem Kunden das Abzahlungsdarlehen! (3 Punkte)
9. Sie werten die vorliegenden Jahresabschlüsse der Glücksbrot AG aus.

   Erläutern Sie Ihrem Kunden die Kennzahl Debitorenziel! (2 Punkte)
10. Ihr Kunde ist mit dem Debitorenziel nicht zufrieden.

    Zeigen Sie ihm drei Maßnahmen zur Verbesserung des Debitorenziels auf! (6 Punkte)

Ihre erreichten Punkte: ______ **/ 50 Punkten**

2.4.3 Prüfungsbereich „Wirtschafts- und Sozialkunde“

Ergänzungsprüfung Nr. 5

Der Ausbildungsbetrieb sowie arbeits- und sozialrechtliche Rahmenbedingungen (ca. 30 %)

1. Nennen Sie drei Beispiele für wirksame Rechtsgeschäfte eines 16-jährigen! (6 Punkte)
2. Unterscheiden Sie Besitz und Eigentum! (4 Punkte)
3. Erklären Sie, was unter nichtigen Rechtsgeschäften und unter anfechtbaren Rechtsgeschäften zu verstehen ist! (4 Punkte)

Berufsbildung sowie Arbeits- und Tarifrecht (ca. 25 %)

4. Nennen Sie jeweils zwei Pflichten der Arbeitnehmer und der Arbeitgeber eines Arbeitsverhältnisses! (4 Punkte)
5. Nennen Sie vier Personengruppen, die zum Personenkreis mit besonderem Kündigungsschutz in einem Unternehmen gehören! (8 Punkte)

Wirtschaftsordnung und Wirtschaftspolitik (ca. 45 %)

6. Erläutern Sie das ökonomische Prinzip! (4 Punkte)
7. Nennen Sie vier Voraussetzungen eines vollkommenen Marktes! (4 Punkte)
8. Erläutern Sie die wirtschaftlichen Ziele des „magischen Vierecks“ und geben Sie an, an welchen Größen erkannt werden kann, ob die Ziele erreicht wurden! (8 Punkte)
9. Zeigen Sie auf, in welchem Zusammenhang bei der Konjunkturpolitik von Frühindikatoren gesprochen wird! Nennen Sie zwei Beispiele! (4 Punkte)
10. Nennen Sie die vier Teilbilanzen der Leistungsbilanz! (4 Punkte)

Ihre erreichten Punkte: ______ **/ 50 Punkten**

Ergänzungsprüfung Nr. 6

Der Ausbildungsbetrieb sowie arbeits- und sozialrechtliche Rahmenbedingungen (ca. 30 %)

1. Entscheiden Sie, ob man Eigentum an geliehenen oder gestohlenen Sachen erwerben kann! Gehen Sie auch auf eine Ausnahme ein! (4 Punkte)
2. Geben Sie drei Beispiele für nichtige Rechtsgeschäfte! (3 Punkte)
3. Erläutern Sie zwei Formvorschriften des Bürgerlichen Gesetzbuches mit jeweils einem Beispiel! (4 Punkte)
4. Stellen Sie die zwei möglichen Abläufe zum Abschluss eines Kaufvertrags dar! (4 Punkte)

Berufsbildung sowie Arbeits- und Tarifrecht (ca. 25 %)

5. Zeigen Sie die vier Kriterien auf, wie ein Auszubildender in der Probezeit kündigen kann! (4 Punkte)
6. Nennen Sie die vier Sozialversicherungszweige, bei denen Arbeitnehmer beitragspflichtig sind! (8 Punkte)

Wirtschaftsordnung und Wirtschaftspolitik (ca. 45 %)

7. Beschreiben Sie vertikale, horizontale und diagonale (anorganische) Unternehmenszusammenschlüsse! (6 Punkte)
8. Erklären Sie, wem es nützt, wenn der Staat einen Höchstpreis für ein Gut einführt! Zeigen Sie auf, welche Marktsituation dann vorliegt! (4 Punkte)
9. Nennen Sie die fünf Wirtschaftssubjekte im erweiterten Wirtschaftskreislauf! (5 Punkte)
10. Beschreiben Sie zwei konkrete Maßnahmen des Staates bei einer Rezession im Rahmen einer nachfrageorientierten Wirtschaftspolitik! (4 Punkte)
11. Nennen Sie das Hauptziel der EZB und seine Messgröße! (4 Punkte)

Ihre erreichten Punkte: ______ **/ 50 Punkten**